法商智慧丛书

法商智慧教育研究院 组编

好友来电话

高净值家庭的36个法律咨询

年鹤童 著
徐诗雅 绘

清华大学出版社
北京

版权所有，侵权必究。举报：010-62782989，beiqinquan@tup.tsinghua.edu.cn。

图书在版编目(CIP)数据

好友来电话：高净值家庭的36个法律咨询/年鹤童著；徐诗雅绘.—北京：清华大学出版社，2023.9

（法商智慧丛书）

ISBN 978-7-302-64552-8

Ⅰ.①好… Ⅱ.①年…②徐… Ⅲ.①法律－案例－中国 Ⅳ.①D920.5

中国国家版本馆CIP数据核字(2023)第167111号

责任编辑：朱玉霞
封面设计：徐　超
版式设计：方加青
责任校对：王荣静
责任印制：丛怀宇

出版发行：清华大学出版社
　　　　　网　　址：http://www.tup.com.cn，http://www.wqbook.com
　　　　　地　　址：北京清华大学学研大厦A座　　　邮　　编：100084
　　　　　社 总 机：010-83470000　　　　　　　　　邮　　购：010-62786544
　　　　　投稿与读者服务：010-62776969，c-service@tup.tsinghua.edu.cn
　　　　　质 量 反 馈：010-62772015，zhiliang@tup.tsinghua.edu.cn
印 装 者：小森印刷霸州有限公司
经　　销：全国新华书店
开　　本：155mm×230mm　　　印　　张：13.25　　　字　　数：187千字
版　　次：2023年9月第1版　　　印　　次：2023年9月第1次印刷
定　　价：109.00元

产品编号：104072-01

前言

写在前面

本书主角——我的闺蜜珊珊，是典型的白富美。她家境殷实，出手阔绰，过着让人艳羡的富人生活。她的父亲早年从江西南昌老家来深圳打拼，搭乘改革开放的春风，开办工厂并迅速积累起财富。与蒸蒸日上的事业相悖，父亲的婚姻一波三折。与第一任妻子在生下珊珊的哥哥后劳燕分飞。此后便迎娶了珊珊妈妈，过了20多年平静稳定的生活。忽然有一天，爸爸的情人带着一对双胞胎弟弟找上门来，父母的婚姻再一次经受考验。而就在此时，珊珊父亲突发疾病险些离世。一时间，家族与企业的种种问题扑面而来：家族企业如何传承？家族财富在四个子女之间如何分配？三个女人护子心切，对于她们的要求如何平衡？珊珊的爷爷奶奶都年纪大了，如何保障他们未来的生活？

本书的第一部分内容，主要谈及创一代企业家普遍面临的家族企业、家族财产的传承问题。

珊珊不顾父母的反对，坚持与男朋友赵岩结婚生子。赵岩是个家境贫寒但有梦想的男人，忌讳被说吃软饭，于是坚决与珊珊实行"分别财产制"。赵岩开了自己的公司，想凭借自己的努力获得尊重。可事

与愿违，公司经营过程中遇到了诸多难题，赵岩个人也身陷债务危机。

第二部分涉及年轻企业家在创业过程中可能遇到的法律问题，以及如何去应对和防范。

第三部分囊括了生活中常见的法律常识，包括但不限于合同纠纷、民间借贷、邻里物业、侵权责任，等等。这些问题，无论是企业家还是平头百姓，每个人都可能遇到。

本书的最后部分，我设计了一些平常用得到的法律文书模板，提供给大家作参考。法律是工具，但能不能做到拿起法律保护自己，法律文书至关重要。好的模板可以极大发挥控制风险的作用。当然，模板不能简单套用，在制作具体的法律文书时，读者还需个案分析、按需增减，或者咨询专业的律师。

本书采用对话形式，口语化行文，一问一答，通俗易懂，还原了我平日为亲戚朋友提供电话咨询的真实场景。在每一篇文章的结尾，我会列上涉及的法条，供大家参考学习。

最后，祝朋友们开卷受益，并多提宝贵意见。

年鹤童

2023 年元旦

目 录

01 "亲爱的,我要结婚了" 001
|||| 财产协议 ||||

02 "我哥哥进了我爸的公司!" 006
|||| 股权信托 ||||

03 "我居然有了同父异母的弟弟!" 012
|||| 非婚生子女信托 ||||

04 "我爸妈终于不离婚了" 017
|||| 忠诚协议、婚内财产协议 ||||

05 "亲爱的,我要换个大别墅" 021
|||| 婚后购买房产 ||||

06 "我奶奶差点把房子烧了" 024
|||| 养老社区 ||||

07 "我爸住院了" 027
|||| 遗嘱 ||||

08 "我想安排一下身后事" 032
|||| 遗嘱、保险金信托、股权 ||||

09 "我老公好像出轨了！" 038
|||| 离婚 ||||

10 "我老公背着我借出去 50 万元" 043
|||| 共同债务 ||||

11 "我老公说想拿房子做个抵押" 047
|||| 房产抵押 ||||

12 "我老公公司有人出车祸去世了" 051
|||| 工亡 ||||

13 "员工猝死算不算工伤？" 056
|||| 加班 ||||

14 "我老公公司有个女员工搞暧昧，怎么开除她？" 061
|||| 解除劳动合同 ||||

15 "我上司总骚扰我！" 066
|||| 职场性骚扰 ||||

16 "我老公公司的保洁阿姨受伤了" 070
|||| 劳务合同与工伤 ||||

17 "我老公和公司被人告了！" 074
|||| 一人公司股东责任 ||||

18 "我老公公司欠了好多钱，是不是面临破产了？" 078
|||| 公司破产与重整 ||||

19 "我老公被判赔600万元，法院会执行我们的房子吗？" 083
|||| 执行共同财产 ||||

20 "我老公想买一个法拍房，有什么风险吗？" 087
|||| 法拍房风险 ||||

21 "我想办个假离婚" 092
|||| 转移财产 ||||

22 "房东扣押我的租房押金不给我" 097
|||| 转租 ||||

23 "我想要租一个商铺" 102
|||| 租赁合同 ||||

24 "我想把房子卖给我表妹" 107
|||| 租客优先购买权 ||||

25 "我侄子把邻居小孩弄伤了" 111
|||| 小孩侵权 ||||

26 "毛毛被金毛咬了,能不能找他们赔钱啊?" 115
|||| 宠物致损 ||||

27 "我老公喝了酒刮到了别人的车" 119
|||| 小区内醉驾 ||||

28 "我好像遭遇了'杀猪盘'……" 123
|||| 杀猪盘 ||||

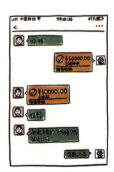

29 "我小叔子管我借钱" 128
|||| 借款合同 + 担保 ||||

30 "我的投资收不回来了" 134
|||| 名投资实借贷 + 有限合伙 ||||

31 "我胜诉了，之后呢？" 138
|||| 强制执行 ||||

32 "我侄子在学校被同学打了" 143
|||| 校园打架受伤 ||||

33 "我出租那个房子有人高空抛物……" 148
|||| 高空抛物责任 ||||

34 "我楼下健身房倒闭了" 151
|||| 预付款 ||||

35 "我玩飞盘被人撞伤了" 156
|||| 文体活动风险自担 ||||

36 "我今天修车好像被人宰了" 160
|||| 显失公平 ||||

附录 163

01

"亲爱的，
我要结婚了"

"亲爱的,我要结婚了!"

"啊?你爸妈不是不同意吗?"

"不同意也得同意啊,我怀孕了,我俩决定月底领证了。我爸说让你今天来一趟,我们商量一下结婚的事,看看有没有必要签个婚前协议。毕竟赵岩家境不好,我妈总是有点担心。哎,他们这些大老板总是把人想得很坏。反正你帮我拟一个协议带过来,好吧?"

"你们家家底雄厚,要签婚前协议也可以理解。那你们俩现在名下都有哪些个人财产呀?"

"什么是个人财产?"

"登记在你俩个人名下的现金、房子、车、公司股权、股票、基金或者理财产品,或者他有没有知识产权,像商标、专利这些?"

"我名下有一套房,一辆车,没有理财产品,有挺多我妈给我买的保险,对了,我还代持了我爸公司的一部分股权。至于赵岩,他家庭条件不太好,刚毕业什么也没有,不过他现在和我们几个同学在合伙做生意,开了个公司,他是股东,收入还不错。其他应该没什么了。"

"从法律上来看,你名下现有的房子、车子、保险都是你个人的财产。关于你名下的公司股权,你要跟叔叔有一个书面的《代持协议》,

把这个协议告知赵岩,让他签字确认,明确这个股权跟赵岩没有关系,避免以后他主张收益。至于赵岩,他公司股权是他个人婚前财产。不过婚后的收益就是共同财产了。当然你俩可以用《财产协议》约定分别财产制。"

"什么是分别财产制?"

"要是没有特殊约定,夫妻间是共同财产制,即婚后你俩的工资收入、劳务报酬、经营所得、投资收益、知识产权收入、受到别人的赠与、继承到的财产,等等,都是两个人共同所有,理论上一人一半。但是你们如果约定了分别财产制,那就各挣各的、各花各的,避免你俩的财务混同。"

"我现在怀孕了,不打算工作了,没有什么收入,但是我爸妈会经常给我钱呀,可能给我的零花钱比他的收入还多。如果共同财产制下,是不是我爸妈给我的钱,都有他的一半啊?"

"那不一定,就算是共同财产制下,如果你爸妈通过书面协议约定把钱只赠与你一个人、与赵岩无关,那就属于你的个人财产。"

"那采用共同财产制对我有什么风险吗?"

"你工资不高,也不会理财,可以说你都没什么赚钱的能力。但是你作为一个富二代,财产的来源很多。如果只是你父母或亲朋好友赠与你的财产,都可以用书面协议指定仅赠与你个人的方式来处理。如果继承财产的话,则有所不同,除非有遗嘱或遗赠协议,明确财产由你一个人继承,否则你继承到的财产就是共同财产,赵岩能分一半的。再有就是你代持的股权,处理方式也是这样。股权登记在你名下,虽然是你婚前财产,但是在婚后产生的股权收益却是共同财产。还有一个债务问题,虽然你不太可能负债,但是赵岩却有可能负债。如果你们采用共同财产制,那么他如果因为家庭生活开支负债了,你也要承担还款责任,这属于夫妻共同债务。赵岩这个人自尊心强,他要用钱的时候可能不会跟你商量,直接就在外面自己想办法借钱。但是他借的钱很大可能会被认定为夫妻共同债务。"

"你越说我越迷糊,那我们究竟是约定分别财产制好,还是共同财产制好?我觉得两个各有优劣,我都不知道该怎么选择了。"

"这个要你自己决定呀。我只能说,如果你打算采用共同财产制,那么就要注意:第一,但凡你爸妈给你什么财产,要注意隔离,明确赠与你个人。第二,你们不要觉得不吉利,可以让叔叔阿姨写一份遗嘱,确认当他们去世以后遗产是留给你个人的;当然还有一个更好的选择,就是买大额保单,保险受益人写你,将来保险理赔款是你个人财产;或者现在比较火的信托也不错,让叔叔阿姨给你设立信托,把你作为受益人,明确信托受益权属于你个人,与赵岩无关。保险和信托与遗嘱相比,更容易接受,将来实现起来也没那么麻烦,遗嘱继承程序很繁琐,但是保险、信托就很便捷,而且保险公司、信托机构会按合同给你付钱,不用你们操办,省心省力。第三,如果以后你帮叔叔阿姨代持财产的话,一定要有明确的代持协议,确认代持的财产与你个人、与赵岩都无关。第四,就是小心共同债务,不过这个你也没办法控制,因为就算你没签字、不知情,但如果赵岩在外面借的钱花到你们婚后的共同生活上,那也是共同债务,要你俩一起还。"

"如果采用分别财产制呢?"

"那就没这么多顾虑了,你只需要担心你自己不会挣钱,将来赵岩挣的钱都是他自己的,你没有权利花。不过你家里这么有钱,你也不需要花他的钱。而且分别财产制下,你没那么容易被卷入他的个人债务。但这个并不绝对,如果他借钱的时候没有告诉债权人分别财产制,也不排除你会被牵扯到他的债务里面去。"

"那还是分别财产制吧,感觉这样双方经济关系更清爽一些。"

"你要是怕自己挣得少,可以设定'共同生活基金',约定每个月双方各出一部分钱放在基金中,家庭开支就用这个基金来支付,并且平时由你来管理使用基金。你反正专心在家养胎,以后至少一年内都要在家带孩子，没有经济来源，你们就可以约定在你上班之前这段时间，生活基金由他一人出资，将来等你出去工作了，你再承担一部分出资义务。这样对他也更公平一些。"

"好的，那么我们就采用分别财产制，设立'共同生活基金'吧。你下午过来，我们草拟一下财产协议。"

"好的亲爱的，新婚快乐。"

《民法典》：
第 1062 条【共同财产】；
第 1063 条【个人财产】；
第 1064 条【共同债务与个人债务】；
第 1065 条【夫妻财产制】。

02

"我哥哥进了我爸的公司!"

"亲爱的,你记得我跟你说过我爸跟我妈结婚之前那个儿子不?"

"记得啊,不是说很有性格,跟你们老死不相往来吗?"

"是啊,这几年他不一样了哦,之前我去我爸公司就遇到过他两次。我就很奇怪,他怎么会在这里。昨天我才知道,他已经进了我爸的公司,都一年多了,我爸可从来没跟我和我妈说起过这个事。以前从来不跟我们来往的,这几年老往我爸身边凑,你说他是不是想分我的家产?"

"你这话说的不对。他是你爸的亲生儿子,就算你爸跟他妈离婚了,但是亲子关系在那里啊,人家对你爸的财产跟你一样有平等的继承权的。"

"不是吧!这么多年我爸抚养费可是没少给的,而且他出国留学啊,回来结婚生孩子啊,这些我爸可都没亏待他。这些还是我知道的,我不知道的还不知道有多少呢!那这么算的话,我爸给我的可能都没给他的多!他还要继承我爸的钱?那也太不公平了吧!"

"可是你爸陪伴你成长了呀,这是金钱买不到的。出于亏欠,你爸爸给他更多的钱也是可以理解的。你怎么不说你拥有更多的爱呢。"

"好吧,你说得也对。不过我总觉得不安心。你看,我爸妈只有我一个小孩,我还是个女孩,我爸开个那么大的公司,他以后这公司给谁呢？以前我还觉得，肯定是给我老公来打理，可是你看，他并没有叫赵岩跟他一起干，反而在栽培我哥哥。这是不是意味着，他想以后让我哥哥继承他的衣钵，那我和我妈该怎么办啊？"

"先别着急，我们来分析一下。你爸爸这个公司是什么性质的？是有限责任公司吗？你爸爸占多大的股份？公司收益怎么样？"

"是有限责任公司，注册资本 8000 万元。我爸是大股东，他自己持股 30%，通过我代持 25%，我叔叔持股 30%，还剩下几个小股东持股比例就很少了。我爸是董事长也是法定代表人，公司的事基本都是他和我叔叔商量决定的，公司收益很好，分红很多，我爸还领工资，工资也很高。"

"那其实公司就是你爸爸作为控股股东，持有 55% 的股份，你叔叔还有 30%，也是很大一部分。你哥哥在公司什么岗位？你叔叔对你哥哥的态度怎么样？"

"我哥跟着我爸做事啊，每天都是接触到核心事物。我叔叔对他特别好，这么多年他们都一直有联系的。我叔叔本来也不喜欢我和我妈妈，我觉得他更喜欢我哥和我爸前妻。"

"那你还是要小心一点，你想一下，如果你爸爸有心让你哥哥来接手公司，将来肯定要给他股份的。如果把他自己那份给了你哥哥，你哥哥占 30% 的股份，加上你叔叔跟他一条心，两个人合计 60% 就可以直接架空你的股权；如果你爸爸把你名下的 25% 股权给你哥哥，那公司就没你啥事了。而且还有一点，你哥哥要是跟叔叔感情好，两个人合计持有公司 55% 的股权，那么他两个就可以控制公司决策了，你爸爸的控股股东地位也不保了。也不知道你爸爸有没有考虑过这个风险。"

"他让我把股权给我哥，我肯定是不同意的。"

"你俩是有股权代持协议的，这个股权实际上是他的呀，你不同意有什么用。从法律上讲，这个股权跟你没有关系，你决定不了，这个都在代持协议里面写得很清楚了。你就算是不配合过户,也只能在程序上拖一拖,要是真闹到法庭上,你也是没办法的。何况你总不可能和你爸爸闹到法庭上吧?再说,你爸爸怕你不同意,也未必让你直接把股权过户给你哥哥呀,他完全可以让你把股权给回他,他到时候再从自己名下过给你哥哥,这些都是你控制不了的。"

"那就没有什么办法制约他了吗?"

"也不是没有。你爸爸这个公司是什么时候开的?是跟你妈妈结婚之前还是之后呀?"

"结婚之后。"

"那就好办,这个股权是你爸爸和你妈妈的婚后共同财产。就是说,虽然股权登记在你爸爸一个人名下,但是这个股权是你爸妈共有的,你爸不能一个人决定把股权赠送给你哥,在法律上这叫无权处分。你就盯着点,如果他私自处分,你妈有权主张撤销的。撤销要尽快,要在知道之后 1 年内起诉撤销。要是超过 5 年就要不回来了。"

"好的,那我在公司安排个眼线留意一下。"

"不过你也要考虑一下,以后你爸爸的公司总要有人打理呀,你对公司运作完全不懂,你爸爸又不喜欢赵岩,那让你哥哥接手公司也不是不行……"

"那他要是接手公司了,怎么可能给我和我妈钱呢?他恨我们还来不及。"

"除了公司,你爸爸还有什么财产?"

"还有七八套房子,不过都不在我父母名下,在我爷爷奶奶名下。他名下资产不多的,我爸之前说过,做生意的人,名下不要放太多个人财产。我爸没什么存款和理财产品,我家的存款、保险、理财产品都是我妈妈管理的。"

"七八套房子放在你爷爷奶奶名下,要有代持协议,要不然老人家走了,说不清楚就变成遗产了,到时候你姑姑、叔叔都可能会来分割遗产。"

"有代持协议的。"

"去公证了吗?"

"这倒没有。"

"还是去公证一下,增强效力。"

"好的。"

"家里的存款、保险、理财产品都是你妈妈在打理,占到家庭资产多大的比例?"

"我妈妈说差不多一半吧,公司股权收益占一半,其他的所有资产包括房子在内占一半。"

"那我给你分析一下。你家财产你爸爸占一半,如果你爸爸走了,他的财产由你爷爷、奶奶、你、你妈妈、你哥哥五个人继承,你哥哥占20%,算下来你哥哥可以继承到你家现在总资产的10%。可是如果你爸爸把公司股权给他了,那么相当于把你家一半的资产给他了。确实你吃了大亏。"

"那我该怎么办啊?"

"我刚才已经说了,看住公司股权。不过我觉得,最主要的问题是要转变你爸爸的思维。他现在偷偷摸摸让你哥哥进公司,又不跟你和你妈妈商量,这就不是个好事。最好让他敞开心扉跟你们谈一谈,你们也不要阻止你哥哥进公司,毕竟你哥哥是长子,也和你有血缘关系,你们也没有道理排斥人家。"

"我和我妈妈对我哥哥还是很好的,我爸爸给他钱,我们基本都不说什么的。但是公司整个给他，那我们肯定接受不了的。"

"我有个办法，你和你妈妈既然都不懂公司运营，要是把股权给到你手里，对公司也不是好事。我看你这性格，肯定在公司运作上，跟你哥哥和你叔叔也会冲突不断。所以给你两个建议，你可以和你爸妈谈一谈，选一条大家都能接受的路：第一种，让你爸爸统筹一下他实际持有的 55% 的股权，如果他想要让你哥哥以后成为股东接手公司，那么让你爸爸把其中 30% 的股东收益权给到你、25% 的股东收益权给你哥哥；但是在公司运营、公司事务表决权、决策权方面，让你哥哥占更高的比例，比如让他占 35%、你占 20%。这样一来，公司是你哥哥在当股东运营，但是你有权享受收益。第二种，让你爸爸用 55% 的公司股权设立信托，交给信托机构去打理公司，行使股东权。然后把你和你哥哥都作为受益人，享受受益权。信托机构是个中立的机构，它会按照你爸爸的意愿去打理公司，运营公司，挣的钱直接按照你爸爸设定的比例分配给你和你哥哥。第二种方式就好在信托机构往往有专业的团队有能力打理好你爸爸的公司，肯定比你哥哥更有能力；而且可以避免你和你哥哥要是都成为股东会产生的尴尬或者矛盾，更有利于公司运转。"

"这可真是个好办法，我要跟我妈妈商量一下。"

"好的。注意态度啊。"

1. 《民法典》：第 311 条【无权处分】。
2. 《公司法》：第 42 条【股东表决权】。

03

"我居然有了同父异母的弟弟!"

"我爸居然有个情妇,这简直太过分了!"

"……"

"我跟你说这简直比小说还狗血。那个女的是他一个客户的助理,在酒局上认识的,就搞到一起了,还生了一对双胞胎儿子。我妈现在气得心脏病都要犯了。"

"你这都是哪来的消息,靠不靠谱啊?"

"当然靠谱啊,那个女的昨天自己找上门来的,要不然我们怎么会知道啊!之前那女的怀孕生孩子都在国外的,现在孩子生下来了才找过来!怪不得我爸去年老出国,还说去谈生意,什么生意要一个月谈一次嘛!"

"那女的找你们她想干什么?你爸知道吗?你爸什么态度?"

"她说孩子在美国出生,都是美国国籍,所以也不逼我爸妈离婚,但是说孩子在那边开销很大,平时也需要我爸过去照顾。明显就是仗着生了两个儿子,在宣誓主权。我爸估计也不知道,那女的自己来的,我妈给我爸打电话的时候我爸都傻了。从昨天到现在一直没敢回家,我给他打电话他也不接,现在我和我妈也摸不清他是什么态度。我猜他估计在想办法先安抚那个女的,再回头来跟我妈这边解释。"

"那你妈什么态度？"

"我妈眼里哪里容得下沙子？我妈要离婚，说要让我爸净身出户。要是只是情妇，我爸认个错愿意回归家庭，可能我妈那边消消气还能原谅他。可这孩子都生了，肯定一辈子都纠缠不清。那个女的一看就不是省油的灯，都能自作主张找上门，绝对做好了逼宫的准备的。我妈的身体也不是很好，我也不希望她气坏身子，她要离婚，我也只能支持她。让我叫你过来一起研究一下怎么应对。"

"哎，先别着急离婚，要慎重。孩子都生下来了，那已经是既成事实，我们只能想办法应对。不是说就非离不可。你要看你爸爸的态度。那女人这么作，你爸肯定非常生气的。如果你爸爸还是愿意回归家庭。我觉得你劝劝你妈妈，你现在刚结婚怀孕，有一个稳定的娘家对你来说非常重要。而且一旦离婚了，那边八成马上结婚，到时候你们后悔都来不及。"

"她和我爸这种关系生的两个儿子是私生子，我们国家不承认私生子的吧？"

"私生子和婚生子女的地位是平等的哦，是你亲弟弟，和你法律地位一样，受同等保护。将来这两个小孩和你、你哥哥对你爸爸的财产都有平等继承权的。"

"那怎么办？不能不认，又不能不养，那个女人仗着两个儿子肯定经常找我爸，到时候搅得我们不得安宁啊。"

"法律规定的义务是支付抚养费，但是是否陪伴，那不是法律调整的内容，就要看你爸自己了。不过老来得子，他怎么可能不管儿子呢？就算他对那女的有意见，看在孩子的面子上也会忍吧。"

"我们能不能跟她签个合同，把孩子要过来我们来抚养，然后给那女的一笔钱，让她离开我爸？"

"这不现实，她自己不会权衡吗？你们能给她多少钱？你们一次性给的肯定没有你爸爸持续给她的多。而且是双胞胎儿子，她哪里舍得。退一万步讲，就算是她同意了，她随时都可以反悔的，你们这种合同违反道德，是无效的。对她没有约束力，签了也白签。"

"那有什么办法可以在我爸妈不离婚的情况下，减少那女人和小孩对我们生活的打扰？"

"反正抚养费都是要给的，你爸这么有钱，给少了说不过去，惹得那女的闹起来，你爸一个大老板陷入桃色绯闻，舆论风波也会影响公司形象；但是给多了也不好，会引发人性贪婪。我建议，三方坐下来谈，以你妈为主，让那女的觉得你爸做不了主，家里的财务大权在你妈手里。你妈做委托人，给你爸那两个儿子设立一个成长信托，信托机构按月支付孩子的抚养费至孩子成年。那女的作为小孩的监护人，可以在特殊情况下比如生病、读书等需要大额资金时申请专项费用。这样就不需要那女的什么事都来找你爸妈要钱了，她直接找信托要钱，信托会审核她的要求是否合理，符合信托合同约定的，就给她拨款；不符合就拒绝，她不服她去跟信托闹，你们不管。这个信托要约定好，如果那女的不适当地骚扰你爸妈或者你们其他家人，或者去你爸公司闹事、在网上发布涉及你们隐私的不良负面言论等，你妈就可以撤销该信托，之后按法律规定的最低标准支付抚养费。这样一来，只要她乖乖地不搞幺蛾子，就可以从信托一直按期拿钱直到小孩成年。她只要敢作，你妈就可以用撤销信托去钳制她。"

"那她会同意吗？"

"除非你爸会承诺给她更好的方案。如果你爸不想离婚，那只能花钱买清净。到时候把信托合同好好设定一下，把规则制定详细点。人总是趋利避害的，她不骚扰你们就能拿到更多的钱，她就没必要去打破这种平衡啊。不过你家这次肯定要大出血了，两个儿子的抚养费不是一笔小数目，你要是钱少了也钳制不住她。她肯定到时候会狮子大开口的。你妈妈这时候要跟她谈判，告诉她家里财政大权在你妈妈手里，只要你妈妈不同意，你爸一是没有权利，二是没有财力去给她设立信托，如果逼急了，你妈就跟你爸离婚，你爸是过错方，到时候离婚也分不到什么钱。到时候让你爸陪着她和她两个宝贝儿子喝西北风去。"

"真的吗？他俩离婚的话，我爸要净身出户的吗？"

"不一定，先吓唬吓唬她。到时候真要离婚再说。"

"对了，我爸要养两个小孩，但是不用养那个女的吧？"

"在法律上你爸只需要支付孩子的抚养费，对那个女的是没有义务的。"

"好吧，我先去跟我爸妈谈谈。"

1.《民法典》：
第 1067 条【抚养义务】；
第 1071 条【非婚生子女】。
2.《信托法》：第 51 条【委托人变更信托受益权、解除信托】。

04

"我爸妈终于不离婚了"

"亲爱的,恭喜我还是个家庭完整的孩子吧,我爸妈终于不离婚了。"

"那可太好了,小三的事解决了?还得了两个免费弟弟,哈哈哈。"

"滚一边去,送给你。破财免灾吧。我妈这次受到这么大的打击,她之前对我爸很信任,现在已经出现裂痕很难恢复如初。我妈说要签一个忠诚协议,我爸出轨离婚就净身出户,我爸也同意了,你帮我写一个过来?"

"那种协议是无效的。"

"啊?为什么啊!是我爸主动提的哦!"

"那也不行,就算是自愿签的也不行。我们国家是不认可那种忠诚协议的。"

"那怎么办啊?那婚姻有什么保障呢?"

"这样,让他俩签一个婚内财产协议,把主要财产放在你妈名下,再约定个离婚损害赔偿金,如果离婚你爸要赔偿你妈一大笔钱,这样就可以了,这种协议被法院认可的可能性就比你妈说的那种忠诚协议要高得多。"

"婚内协议主要写啥？"

"婚内财产协议就是夫妻两个在婚姻期间，对双方个人财产、夫妻共同财产进行划分，区分哪些是你妈的，哪些是你爸的。减少他俩的共同财产，增加你妈的个人财产。这样以后如果离婚的话，你妈就会分到很多，甚至全部。"

"这跟忠诚协议不是一回事吗？怎么忠诚协议就不合法呢？"

"你们说那个忠诚协议约定你爸不准提出离婚，提了就净身出户，这种约定本身就是限制了人的婚姻自由、限制人权的。何况这种把道德责任与金钱巨额赔偿绑定到一起，就很容易产生道德风险，比如男人为了不净身出户，不离婚而采取更加隐秘或者恶劣的手段；女人为了调查男人也采取很多缺德、偏激甚至违法的手段。总之会造成很坏的社会影响，用我们的话说就叫违背公序良俗。但是如果是婚内财产协议，本来公民就有自由处分自己财产的权利，你父母双方自愿签署这个财产协议，相当于你爸自愿把他现有的财产赠与你妈，这个并不违背道德。你让他俩把家庭财产列个清单，有哪些现金、储蓄、不动产、车、公司股份、股票、投资理财产品、保险什么的，都列明。然后这些财产打算怎么分——哪些属于你妈、哪些属于你爸，约定清楚，之后该过户过户，该变更登记就变更登记。"

"还要过户？我爸很多财产是放在别人名下代持的，要是过户的话好麻烦的。他俩协议约定好了，不就有效了吗？"

"当然要过户啦，权利外观很重要的，每年有多少纠纷都是代持产生的啊。而且你想，代持人都是你爸的朋友，将来万一你爸反悔了，又不愿意把财产给你妈了，可以直接和他朋友合谋把财产转移了。财产登记在别人名下，政府哪知道你妈是谁啊，那肯定登记在谁名下，就认定是谁的财产。到时候财产被他们转移了，你妈上哪里去要回来啊。"

"好的，那我提醒她一下。"

"如果不方便登记在你妈名下,就让你爸、你妈和代持人重新签订一个代持协议,写清楚委托人由你爸变更为你妈,明确代持财产的所有权属于你妈所有,规定不经过你妈准许,代持人不得处分财产,否则要承担高额赔偿金。为了稳妥,最好再在代持的财产上给你妈设立个抵押权,抵押权反正优先,就不怕他转移了。"

"好的。还有你说的那个离婚损害赔偿是什么?"

"法律规定双方离婚的时候,如果一方有法定过错,另一方可以主张离婚损害赔偿。到时候在财产协议上我给他们备注上,鉴于你爸在婚姻存续期间已经出现了与他人同居生子的情况,出现了法定过错,双方一致同意将离婚损害赔偿金确定为多少钱,如果将来两人因此事或非因此事但是因类似事件离婚,则你爸需要用他的个人财产部分将这笔离婚损害赔偿金支付给你妈。到时候让他俩自己商量一个数写上就好了。"

"好的,那就这么办!"

《民法典》:
第 1065 条【婚内财产约定】;
第 1091 条【离婚损害赔偿】。

05

"亲爱的，
我要换个大别墅"

"亲爱的,我爸说我和赵岩现在住的房子太小了,要给我们换一个大别墅。"

"哇!你老爸很疼你啊。"

"是啊,就买上次我跟你说起的那个前海的新楼盘,好像落地要3000多万元。"

"白富美,赵岩娶了你真是少奋斗十年啊。不过提醒你要做好财产隔离哦!"

"对呀!上次我爸那个小三事件发生以后,我妈都有点神经质了。这个别墅也是我妈强烈要求我爸给我买的,她说家里的钱,我们辛辛苦苦省下来结果都给别人花了,那还不如自己享受掉。所以我妈让我跟你商量,这个房子要怎么买,才能保证财产不外流呢?我和赵岩是分别财产制,别墅登记在我名下,是不是就是我的?"

"你爸是一次性付款吗?直接全额买,登记在你一个人名下?"

"应该是吧。"

"如果是你爸出资一次性全额买,并且登记到你个人名下,就是你个人财产。因为我当时帮你们草拟婚前协议的时候已经约定了两个人采用分别财产制，婚后一方获得的一切经济收入、劳动报酬、投资收益、受赠与或继承获得的财产，除另有约定外，均由该方个人所有，系其个人财产。但是如果你爸只付了首付，就要分情况。如果后面的贷款也是你爸给你还，相当于这个别墅还是由你爸出资购买并赠与你的，是你个人财产。但是如果后面还贷款的时候是你和赵岩来还，那共同还款部分就是共同财产了。"

"那变成共同财产的话，万一离婚要一人一半吗？要怎么分啊？"

"这个别墅首付肯定是你爸出的嘛，又登记在你自己名下，万一离婚，房子肯定判给你。只不过如果后面还贷款如果是你俩一起还的，那就要看他还了多少，他还的部分占整个房子的比重多大，离婚时按照房子市场价值来估算他还的部分值多少钱，然后你要把那个钱补给他就好了。"

"那还可以接受，也不是说一定要我爸一次性付款才行。"

"一次性付款肯定更简单一些咯，相当于这个别墅权属十分明确，就是你的个人财产，与赵岩一点关系都没有。不过如果觉得一次性付款压力大，贷款也没问题，就是还贷款资金的时候，尽量不要让赵岩掺和进来，你用你自己的个人财产来还，或者直接让你爸妈来还。对了，提醒你，你可不要拿你俩的共同生活基金来还贷款，那就是用共同财产还贷了，还的部分就是共同财产了。"

"还贷还不能让他还，那赵岩可真是少奋斗十年了。"

"是呀，迎娶白富美就是这样啊。不过他享受这优渥生活的前提就是和你恩爱有加啊。要不然一旦跟你离婚，就什么都没有了，大别墅跟他一点关系都没有。他也只是来过、爱过、住过，不带走一片云彩啊！"

06

"我奶奶差点把房子烧了"

"我爸刚来电话，说我奶奶煮饭忘记关火就出门了，差点引起火灾，厨房冒了好大的烟，幸好隔壁发现得早！你说多危险！这都不是第一次了！"

"好在没出事，你也不能全怪她，老年人的大脑就是会退化的，他们自己也没办法。"

"我爷爷也是，上次摔了一跤，怕我们担心没告诉我们，后来都过了半个月了我爸才发现他不对，硬拉去医院，一检查是骨折。那老头倔得很。"

"你爷爷奶奶还在老家呢？不肯过来住？"

"是呀，叫他们来，他们说不适应深圳的天气，还是喜欢在南昌待着。可是离我们这么远，有点什么事我们都不知道，这真让人担心啊！"

"怎么不给他们找个保姆呢？"

"他们不要啊，之前我爷爷骨折那次就找过，我爸爸前脚刚回深圳，他们后脚就把保姆打发走了，说不喜欢家里有外人，别扭。"

"他们多大年纪了？"

"奶奶 76，爷爷 79 了。"

"这样下去可不行。这么大年纪自己住，很危险的。我见过你爷爷奶奶，很慈祥的两个老人，看上去很温和啊，喜欢热闹，怎么不愿意来跟你们一起住呢？"

"他们喜欢热闹啊，平时我奶奶可喜欢跳舞了，我爷爷也喜欢下棋，他俩生活丰富着呢。我看他们就是在南昌老家住惯了，熟人多，过来这边人生地不熟，他们怕寂寞。"

"那喜欢热闹好办，你可以带他们去看看现在的养老社区……"

"那怎么可能送去养老院啊！"

"不不，现在的养老社区与你印象中的养老院完全不是一个概念。现在都是高端养老了，老人根据喜好可以选自己的房间，你有钱都可以选独栋的别墅，和自己家一样，非常私密。每天有人打扫房屋。愿意自己做饭就自己做，懒得做也可以点菜，有厨师做好送上门。社区设有很多活动区、功能区，可以供老人健身、下棋、阅读、康复理疗、养宠物、做心理咨询，面面俱到。还有专门的医护人员给老人上门体检、做日常监测、处理轻度意外伤害。如果有突发疾病，直接对接省级、市级三甲医院第一时间抢救。那跟养老院完全不是一个层次的，住在里面的老人都是不差钱的，素质也普遍比较高。还有一个好处就是这种养老社区往往在全国各大城市都有分部，老人可以根据需要去任何一家分部。比如你爷爷奶奶现在愿意住在南昌分部，住几年想离你们近一点就申请调过来深圳分部，很方便的。还有那种候鸟式的，天冷来南方，天热去北方。还有旅游式的，住一阵换个地方。到时候他们要是在社区认识了新朋友，可以组团养老，一起去全国各地的社区玩。社区也可以提供这种服务，带老人组团出去旅游。反正现在养老产业做得很好了，你都没关注过，你可以了解一下。"

"你说这个不错，我先去考察一下，如果环境设施、软件配套都做得很好，那真的可以考虑考虑。我爷爷奶奶现在这样太让人担心了。"

"是的。不过老年人很倔，他们不一定接受的。你要带他们去看看，他们看完才会发现养老社区的好。"

"嗯。我先去了解一下。"

07

"我爸住院了"

"亲爱的,我爸住院了!心肌梗塞,现在抢救回来了!吓死我们了!医生说这次虽然抢救过来了,但是情况不乐观。"

"你们在哪里?我来看看。"

"你先不要来吧,我们这刚刚都乱成一团了。我叔叔、姑姑、舅舅都来了,我哥和他老婆、他妈也来了,最讨厌的是我爸那个小三也来了,一个个心怀鬼胎的。我和我妈头都大了,刚把他们都打发回去,我和我妈在这陪一下我爸。"

"他们都收到消息,肯定跑去确认啊!"

"是的,那个小三真不是个东西,我爸也看清了她的嘴脸,一来就跟我妈说要是我爸死了,那就要追加信托财产,说平时我爸每个月还给她补贴的,万一我爸走了,信托每个月要增加 5 万抚养费。"

"这人真是差劲!"

"我爸经历这一劫,现在就怕了啊,他自己都跟我妈说,要提前做好打算,万一没抢救过来,丢下这么大个摊子谁知道会乱成什么样。所以让我打个电话给你,看看过几天他好点了,给他立一个遗嘱。"

"嗯，遗嘱很有必要。我以前就跟你说过，你说不吉利。可是这个真的不是吉利不吉利的问题。"

"如果我爸要是没抢救过来，家产会怎么分啊？"

"你爷爷、你奶奶、你妈、你、你哥，还有那个小三生的两个儿子，一共7个人，平均分7份，一人一份咯。"

"我叔叔、我姑姑都没有吗？"

"没有。第一顺位继承人只有配偶、父母、子女。没有第一顺位继承人的话，才轮得到第二顺位，就是兄弟姐妹、祖父母、外祖父母。"

"那我哥的小孩，和我怀的小孩都没有份？"

"是的呀！我都说了只有你们7个人能继承。"

"那我小孩继承不了外公的遗产怎么办啊？"

"也不是说继承不了，只是不是法定的继承人。如果你爸想留遗产给你小孩当然可以啊，写遗嘱里面就好了。你爸可以通过遗嘱，把财产给任何他想给的人。不过你小孩还在你肚子里，现在立遗嘱的话，还是把财产给你比较好，从法律上避免风险。"

"避免什么风险？"

"哎呀，说这话不吉利你又要骂我。不过从法律上说，小孩没出生就没有民事主体资格。虽然可以给未出生的胎儿预留遗产份额，但是如果胎儿后面因为什么原因没保住，或一出生发现是死胎，那本来说留给胎儿的钱，就回到立遗嘱人的遗产里了，要是没做其他安排的话，就只能被当作没有处分的遗产进行法定继承。所以在小孩没出生之前，最好把财产给你，就算胎儿怎么样了，这钱也是留给你的。"

"哦,明白了。那我让我爸把给我小孩的那一份,直接给我就好了。"

"是的。"

"我爸的哪些财产会被分掉啊?"

"要是人没了,所有他个人的财产都会被分掉啊。不过要先把他的个人财产整理、剥离出来,偿还他的个人债务后剩余的部分,就可以分了。"

"怎么整理?偿还什么债务?"

"就是说,现在他名下有很多财产并不是他的,他也有很多财产在别人名下。要先整理确定出来到底哪些财产是他的,再看他欠不欠债和税,用他的钱把他欠的债和税清偿之后,剩下的就是他的遗产了。有遗嘱按遗嘱分,没有遗嘱按法定继承分。"

"说到这个,我跟你说,他之前不是已经跟我妈签了那个财产协议嘛,已经把家里的存款、现金、理财产品、保险,还有我爷爷奶奶代持的7套房产和商铺全给我妈了,我爸只保留了他自己名下和我代持的公司55%的股权嘛。其实并不是的,他其实还有好多财产没有告诉我妈。他这次进医院了才说实话,他在海外有不少存款,折合成人民币也有1000多万元了;半年前还用我姑姑名义在上海刚买了套别墅;他在我姑的公司还有20%的股权,是我姑代持的,现在也值七八百万。"

"你爸妈之前签的那财产协议公证了吗?财产都过户到你妈名下了吗?"

"按你说的都公证了,能过户的也都过户了。"

"那你爸海外的资产、上海的别墅、你姑代持的股权,这些都是你爸妈的共有财产,你爸只占其中一半的。他要是想安排这些财产的话,要先分一半出来给你妈，剩下的他才有权利安排。"

"我妈说我爸身体都这样了，现在也不追究了。但是上海的别墅要给我妈，我爸在海外的资产和我姑代持的股权让我爸自己安排。"

"那就是你爸现在要安排的财产就是他公司的 55% 股权、你姑公司 20% 股权，还有你爸的海外资产。他想通过遗嘱进行安排是吗？"

"是的。"

"那好，那我一会过去跟叔叔聊一聊，帮他策划一下。"

《民法典》：

第 1123 条【遗嘱继承优于法定继承】；

第 1127 条【法定继承顺序】；

第 1153 条【遗产先剥离再分割】；

第 1159 条【遗产先清偿税、债】。

08

"我想安排一下身后事"

"小菲你好,我是叔叔,打扰你了,想跟你聊点事。"

"叔叔您别客气,您好点了吗?"

"好多了,但是医生说这种病随时可能再次发作。所以我才想着提前把身后事安排一下。"

"好的,珊珊已经跟我说过了。大致情况也跟我介绍了一下。您现在有 1000 万元左右的海外资产、自己公司 55% 的股权、珊珊姑姑公司 20% 的股权,想通过遗嘱进行分配是吗?"

"是的。其他的财产我已经都通过协议给珊珊妈妈了。现在还剩下这些需要策划一下。我先说下我的想法:

我大儿子已经成家立业,我想让他接手我的公司,他已经干了两年了,做得不错,董事会很认可他,我出院以后就打算逐渐退出公司了,交给他打理我很放心,有什么重大的事我弟弟也会辅助他。

至于珊珊妈妈,现在家里的存款、理财、保险、房子都在她手里,这些钱以后也都注定是留给珊珊的,所以他们娘俩生活无忧。

珊珊现在怀孕了,我倒是想给她的小孩留一份钱。珊珊不懂理财,赵岩我也不是很满意,这钱我是想直接给小孩,不经珊珊和赵岩的手。

"我爸妈现在年纪大了，给他们多少钱其实也没什么用，他们住在养老社区，我们都放心。我帮父母把每年社区的物业费交了，其他也花不了什么钱。我弟弟妹妹也都有自己的事业，做得风生水起，不需要我去照顾。

我现在最担心的，还是我那两个小儿子，刚出生没多久，也不知道我能不能看到他们长大。之前给他俩设立了信托，可以一直领取抚养费到18周岁，保障基本成长问题不大。可是他们的妈妈也没什么头脑，乱花钱。两个儿子长大后要花钱的地方很多，我怕钱被她挥霍掉了，以后孩子要用钱的时候如果我不在了，怎么支持他们创业。所以还是想更多地照顾一下两个小儿子。你帮我想想，该怎么设计我的遗嘱比较合理。"

"叔叔，我总结一下，你看是不是这个意思：您父母的需求是保证缴纳养老社区年费，弟弟妹妹不需要分配遗产，珊珊和阿姨也不再分配遗产，您的公司给珊珊哥哥，然后剩下的希望给到珊珊的两个弟弟。是这个意思吗？"

"是的。"

"这样遗嘱做出来，我怕会引起您家庭矛盾哦。您想，您的公司股权其实是家里的主要经济来源，我之前听珊珊说起过，这部分占到家庭资产的一半。虽然你把其他财产都给了珊珊的妈妈，但是公司股权是源头活水，是可以源源不断生钱的。现在咱们国家房产的前景不太好说，而且房产税可能要出台，年年交税也是一大笔开支。理财产品现在收益不高、风险不小，珊珊和阿姨对投资理财并不是很专业，我有点担心这些钱他们不一定留得住。两个小儿子已经设立了高额的信托，现在您又把剩余的财产给他们，我怕阿姨那边不好接受。毕竟如果遗嘱立出来，阿姨和珊珊拿过来一看，一点都没有他们的份，他们肯定心里不舒服的，按法定继承还有 1/7 呢。您说是不是这个道理。"

"确实，那你帮我想一下，怎么样做既能解决我的需求，又让珊珊和她妈妈更好接受一点？"

"叔叔您有买人寿保险吗？"

"有的。珊珊妈妈给我买了保险，受益人是珊珊，如果我走了，保险公司要赔付1000万元给珊珊。我自己也买过，受益人写的是我妈妈，也是1000万元的保额。"

"珊珊妈妈给您买的那份保险，您和阿姨婚姻协议中已经明确约定了这个保单是阿姨的个人财产。不过您自己买的这个保单上次并没有提及。虽然是您自己买的，但也是婚后共同财产，需要珊珊妈妈知情、同意。我建议您跟珊珊妈妈商量，把这个保单拿来做个保险金信托，把保单的受益人改成信托公司，如果以后您不在了，这1000万元保险金直接赔付给信托公司，由信托公司进行下一步分配，包括按年给您父母交养老社区的年费；如果您父母突发疾病，由信托机构支付治疗费用；珊珊小孩出生后，让信托公司按月向孩子支付成长补贴；在珊珊小孩上学、结婚、生子等一些重要时刻支付礼金，这些通过信托给小孩的钱，都是越过了珊珊和赵岩直接给孩子的，珊珊和赵岩作为监护人只有权代为管理，不能挪作他用。有了这个信托，就可以把您父母的养老和珊珊小孩的成长基金解决了。而且用保单作为信托财产，也不需要占用您现有资金。"

"那我三个儿子呢？"

"珊珊哥哥既然有能力也有意愿继承您的公司，那您把股权给他当然可以。不过您把您自己名下和珊珊名下合计55%的股权一次性给他，让他直接做控股股东，还是有点风险。毕竟他刚刚进入公司不足两年，还那么年轻，各方面经验不足，我担心他有没有能力马上接过您的接力棒。"

"他早晚都要接手公司的，我的公司不可能交给外人去管理。"

"股东的财产性收益权给他当然没问题，我是说股东的决策权、表决权这些事关公司事务管理决策的权利，建议您逐步放权给他。"

"我是想逐步给他权力，但是我怕我时间不多了呀！"

"您可以把股权给他，但是我建议您修改一下公司章程。就是当珊珊哥哥通过继承的方式获得公司股权时，如果其进入公司工作尚不足5年，那么他作为股东的表决、决策权受限，仅能享有一部分表决、决策权，享有多大比例的表决权，您可以自己考虑决定，达到的效果就是让他享有表决、决策的权利，但是不至于达到说一不二的程度。而且如果您信任您的弟弟，也可以在一定的期限内给您的弟弟一票否决权，即让您弟弟在公司重大事项的决策上，对珊珊哥哥做的决策享有一票否决的权利。等珊珊哥哥在公司工作满5年之后，基本也成熟了，到时候再让他享受完整的股东权，撤销您弟弟的一票否决权。"

"这个办法好。那我两个小儿子呢？"

"两个小孩已经有了成长信托，而且他们的妈妈有挥霍财产的可能，这种情况下，我建议不要再给他们实物财产了，避免钱都被他们妈妈提前花掉了。要是您觉得还想给两个小孩子储备多一点财产，就追加信托财产，在信托合同中补充约定两个小孩的继续教育奖学金、创业基金、结婚礼金这些。等到他们长大用钱的时候，信托机构把钱直接给他们，也不会经过他们妈妈的手。"

"嗯。"

"还有珊珊姑姑代持的20%股权，我建议可以留给珊珊和阿姨，刚刚我跟您分析过了，您虽然已经把家里的现金、存款、不动产、理财产品、保险都给了珊珊妈妈，看着财产确实很多，但是对珊珊和她妈妈来说，他们不太会理财，珊珊又有点败家，他们未必留得住这一笔钱。而且一旦房产税开征，阿姨名下那么多房产，每年要交一大笔钱。这样来看，珊珊和妈妈的资产一直在做减法。您说姑姑的公司运转得不错，那么20%的股权收益肯定也不是一笔小数目，可以源源不断补充进来。珊珊跟赵岩是分别财产制，不用担心股权和收益会被赵岩分走，但是我担心赵岩现在处于创业阶段，可能会产生债务，万一牵连珊珊，资产会受到影响。既然珊珊是独女，珊珊妈妈也是独女，所以最稳妥的还是把这股权登记给珊珊妈妈。以后珊珊需要钱可以直接找阿姨要，珊珊自己名下没必要放太多财产。"

"我算看出来了，你这些建议还是偏帮着珊珊的，她没白交你这个朋友。"

"哈哈哈，我还是很公正的啦。珊珊一直说您对她最好。如果像您开始的那种分配法，钱倒没什么，多伤她的心啊。"

"说得也是。我仔细思考一下你的建议，等我想好了还得麻烦你过来做个遗嘱见证。"

"好的。祝您身体早日康复。"

《民法典》：第1134条【自书遗嘱】。

09

"我老公好像出轨了！"

"我觉得赵岩出轨了!"

"不会吧?是不是搞错了!"

"我那天看到他微信了,里面有个叫娇娇的,头像用的是和赵岩的合照。聊天记录都清空了。"

"那你问他了吗?他没解释一下?"

"我问了呀,他不承认,说那个女的头像是P的,说他也不知道为什么用他照片,你说这不是胡扯吗?他又不是明星,谁P他照片啊!结果我问急了,他还因为我偷看他微信跟我吵,说我不信任他那就离婚啊!你说他这几年怎么变得这么猖狂!公司做大了,是不是每天那些网红一口一个赵总,把他喊飘了!以前他怎么会跟我吵架?现在对我一点也不耐烦,居然还敢说离婚?"

"冷静点,别动不动就提离婚,伤感情。"

"离婚就离婚,谁怕谁啊!但是我凭什么跟他离婚,那不就刚好成全了他?孩子还不到1岁,就出轨,这种渣男,我凭什么让他好过!"

"你先不要往坏了想,可能真的是误会。"

"他要跟我离婚,我不同意,是不是就不能离?"

"你现在刚生完小孩不到一年，他不能提离婚的。法律规定在女方怀孕期间、流产半年内、生孩子一年内，男方不准提离婚。除非确有必要。"

"啥叫确有必要？"

"就是很严重的原因，比如孩子不是男方的，或者两人不离婚威胁到男方生命安全了，等等。"

"不过佳佳很快就满1岁了，到时候他要提，我不同意的话，他能离吗？"

"那要看有没有法律规定的事由，比如一方重婚，与他人同居，家暴、虐待或遗弃家庭成员，赌博或吸毒等恶习屡教不改。有这些情况的，另一方以此提出离婚就可以判离。或者是两人因感情不和分居满两年也可以判离。如果没有这些法定事由，你不同意离婚，赵岩起诉法院也不会判离的。判不准离婚后，你俩要是又分居满一年，赵岩再去起诉，那就要判离了。"

"那他要是跟别人同居了，不就符合法定事由可以离婚了？"

"不对，他有法定的过错，你去起诉离婚的话法院会判决离婚。这离婚的权利是给受害方的，不是给过错方的。怎么可能他自己犯了错，还有权想离婚就离婚啊！"

"哦。那我没有法定过错，他要离婚我不同意，就不会判离婚？"

"第一次起诉应该是判不离，但是半年后他又可以起诉了。按照以前司法实践，第二次起诉一般会认定双方感情已经破裂，就判离婚了。不过《民法典》出台后，加了一条'经法院判决不准离婚后，双方又分居满一年，一方再次起诉离婚的，应当准予离婚'的规定。所以赵岩第二次起诉离婚，可能还要看第一次判决之后分居有没有满一年。不满一年的话未必判离婚。这是《民法典》的新规定，刚出台没多久，实践中还没形成统一的做法，所以我也猜不准法官会怎么判。"

"那也行,拖他个一年半载的,不能他想怎么样就怎么样,太欺负人了!"

"你这心态就不对,第一,还没有确认赵岩是不是真的出轨;第二,就算他出轨了,你要是不想原谅他,就跟这种渣男早点离婚算了,你跟他拖,耗自己的青春和精力干嘛?你活着又不是为了给他找不痛快的!享受自己的人生不好吗?"

"不行。我咽不下这口气。对了,你能不能找私家侦探给我调查一下他,他之前老说出差我就觉得有问题,下次他说出差帮我找人跟踪一下,看看他是不是真的出差,或者在车上按个窃听器、针孔摄像头什么的,要是真的离婚我也要取证他出轨呀。"

"你电视剧看多了吧!私家侦探、窃听录像那都是违法的,侵犯公民隐私权,到时候就算拍到了照片、视频,也都是违法证据不能用的。"

"那要怎么证明他出轨啊?"

"证据一定要有合法来源,你那种在隐私空间偷偷拍摄的东西是不行的。对方自认是最好的证据。比如他跟你承认确实出轨了,那你可以让他写一个悔过书、保证书什么的,跟你爸爸上次那样,直接书面承认存在出轨事实,承诺下不为例,并且约定离婚过错赔偿金金额为500万元,这是最好的证据,而且直接把赔偿金额给定下来了。如果他就是嘴硬不承认,那你就看能不能找到证人,或者查查他们之间的转账记录,或者他们出入宾馆、饭店、酒店、住宅的亲密照片,注意这些照片要在公共场合拍摄,不能进入房间内部偷拍。要是他真的出轨了,总会留下痕迹的,到时候我们再想办法获取合法的证据。"

"他要是出轨的话,我能让他净身出户吧?"

"出轨不意味着就要净身出户。你俩是分别财产制,各挣各的、各花各的,离婚的话,财产没什么混同,就每个月那点共同生活基金是共同财产,你每个月也都花差不多了吧,没剩多少了吧?如果你俩离婚,那就是各自的财产归各自，共同财产分一下。就那么点基金，全给你赵岩也不会有意见。他要是坐实了出轨，你可以主张离婚过错赔偿，赔多少钱看你俩有没有约定，有约定按照约定来，没有约定就由法官酌定。法官酌定的赔偿金不会很高。那些什么净身出户，都是电视剧把你们误导了。司法实践并不是这样的。

"法官酌定的赔偿金很少吗？"

"是的。所以他现在要是坚持说他没有出轨，你可以要求在你俩的财产协议中补充一条关于离婚过错赔偿金的约定，无论双方谁出轨，由与他人同居、与他人生育子女等原因导致双方离婚，均应支付对方赔偿金。但是这种约定本质上与忠诚协议相差无几，法院估计不会认可的。不过你可以先这么跟他约定着，毕竟可以吓唬吓唬他，让他检点一点。要是他真的被你抓到什么出轨的把柄，那再像你爸上次一样，让他签个保证书，承诺支付离婚损害赔偿金。等实际发生之后，双方再协商确定损害赔偿，效力就没问题了，不过到时候他可能就不愿意给了，人性就是这样的。"

"那他不给怎么办呢？"

"没办法，那是道德领域的事，你也不能指望法律全管了呀！他要是就是那种渣男，那也是你自己选的老公，后果自担呗！"

《民法典》：

第 1079 条【诉讼离婚】；

第 1082 条【不准男方提起离婚诉讼的情绪】；

第 1091 条【离婚损害赔偿】。

10

"我老公背着我借出去 50 万元"

"亲爱的,我老公偷偷借给他同学 50 万元!又不是小钱,这都不跟我商量一下!我发现了之后他还振振有词,说我俩是分别财产制,不需要跟我报备!"

"你俩都签了协议,约定好了分别财产制,他如果用的是他自己的个人财产借给别人,确实从法律上说不关你的事。他这 50 万元哪来的?"

"他公司挣的吧。"

"那你们婚姻协议里已经约定了,他结婚以后公司挣的钱属于他个人财产,他用自己的钱借人确实没问题。他每个月有没有按照协议给你共同生活基金啊?"

"有给。"

"那就是咯。你管不到人家怎么处分自己的财产。"

"你不是说婚姻协议是内部关系,只是我俩内部有效,不影响对外关系吗?"

"我是说你俩负债的情况下,内部协议不能对抗债权人。赵岩现在是债权人,又不是债务人。是赵岩把钱借出去的,将来债权到期,也是赵岩去收回来,收回来也是收到他自己的口袋,跟你没关系。"

"那凭什么借钱出去就是他个人债权,他借了钱就是共同债务啊?"

"也不是说他借的钱就一定是共同债务啊。要分情况的。你俩约定了分别财产制,如果赵岩以他自己的名义去管别人借钱,他也告诉了债权人你俩是分别财产制,那以后债权人只能找他还,不能找你还。债务是他个人债务,与你无关。"

"他要是没告诉债权人我俩是分别财产制呢?"

"那就要看他这个钱借来怎么用的。要是他以个人名义借钱,这个钱用于你们婚后共同生活,或共同投资经营的话,就是你们俩的共同债务。到时候他还不起,债权人就有权找你还。你还上之后,再依据你和赵岩的分别财产制协议去向赵岩追偿。"

"什么叫用于婚后共同生活、共同投资经营啊?"

"共同生活,就比如购买家庭生活用品、交付共同生活基金、购买或装修你俩的住房、买家庭用车、给小孩或者家人看病就医、小孩教育培训支出、旅游消费支出,总之花到家庭生活的钱都算。共同投资经营就是那种夫妻两个人一起赚钱的,比如两个人一起开个体户什么的,一方借钱之后把钱投到两个人一起经营的项目里。你和赵岩各挣各的,不存在共同经营。本身这个规定是为了排除掉那些一方偷偷借钱在外面购置个人财产啊、养小三养私生子啊、单纯的个人消费啊,比如赌博嫖娼的情况。不过你和赵岩约定了分别财产制的情况下,想认定借款被用于婚后共同生活、共同经营是不太容易的。比如你俩已经约定了他公司经营收益属于他个人财产,那么他如果把借来的钱直接投入到公司经营;比如直接用借来的钱支付公司往来款项、发放工资,或者直接用公司账户接收借款,这个债务基本可以认定为他的个人债务;再比如他借钱是为了购置房产,房产登记在他自己名下、他也主张房产是他个人财产,那这借款也属于个人债务,都跟你没关系。"

"那怎么证明钱借过来之后的用途?你都说了钱是种类物,是很容易混同的。怎么证明这笔借来的钱有没有被用于共同生活和经营?"

"不用你证明呀。本来就是赵岩以个人名义去借的钱，债权人想拉你一起承担还款义务的话，是需要债权人来举证证明借款被赵岩用于你俩婚后共同生活、共同经营的。要是债权人不能举证，就不能定性为共同债务。"

"被认定为他的个人债务，就不需要我来清偿了吗？"

"是的。你只对被认定为共同债务的部分有清偿责任，并且清偿之后还可以依据你俩的协议找赵岩追偿。而那些被认定为赵岩个人债务的部分，你没有义务帮他清偿。"

"哪些会被认定为共同债务？"

"要么是你俩一起签字借的，要么是他自己签字借的但是钱拿来用于家庭共同生活或共同经营投资的。"

"好的，我知道了。"

《民法典》：第1064条【共同债务】。

11

"我老公说想拿房子做个抵押"

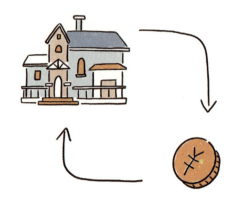

"亲爱的,赵岩说他公司要贷款,银行让提供担保,他想让我用房子给他做个抵押。你说靠不靠谱呀?"

"那要看赵岩他们公司靠不靠谱啊。要贷款多少呀?"

"他说有个大项目要贷1000万元,借一年,银行年利率8%,不过他说这是个很好的机会,如果这单做成了以后就会有源源不断的大客户来找他,所以想搏一把。他自己的信用和资产都不够,银行说至少要用1300万元的房产来抵押。所以想让我把房子给他做个抵押。那个项目他跟我爸讨论过了,我爸也觉得不错,我觉得在这个关键时刻,我还是应该支持他的。反正也只是抵押房产,对我们的生活也没什么影响吧?"

"既然你爸都把过关了,那就试试呗。你可以用你那个婚前的房子给他做抵押,那个都已经值2000多万元了。到时候你跟他一起去银行签个抵押合同,再去不动产管理中心登记一下就好了。"

"那个房子现在有租客,没影响吧?"

"没影响的。"

"之前那个租客还说想买我的房子,那我要是抵押了,是不是就不能卖了啊?"

"《民法典》的规定是抵押期间可以卖,但是要带着抵押权一起卖。

不过，你跟银行签抵押合同的时候，看银行抵押合同里是怎么约定的。一般银行都是不准的。但是你也可以跟银行谈啊，说如果你卖了房子，可以用变价款提前还债或者向银行提存。银行同意就可以。"

"如果赵岩公司还不上钱，是不是房子就成了银行的了？"

"那不是，要是还不上钱，你们可以和银行协议把房子按市场价折价或者拍卖、变卖，卖房子的价款拿来还钱，如果还完还有剩，剩的部分给回你。一般情况银行都会要求拍卖，现在网上好多法拍房，都是法院在拍卖房子啊。"

"哦，那要赵岩还不上钱，我帮他把钱还了，就不会拍卖我的房子了是吗？"

"是呀，你帮他把欠银行的钱还清，就可以解除抵押了。"

"之前我还想用这个房子贷款开个美容店，赵岩现在要贷款，是不是我就没办法再用这个房子办贷款了？"

"不一定。赵岩这个借款 1000 万元，年利率 8% 的话，算下来一年也就 80 万元利息。就算他违约产生罚息，一般是上浮 50%，最多也就 40 万元，加上杂七杂八的费用，咱们就算合计 1200 万元。你那个房子值 2000 多万元，那减去 1200 万元还剩 800 万元价值呢，剩下的价值还可以继续拿去抵押。不过后面设定的抵押就要排队咯，如果真的房子被拍卖了，要先还第一抵押权，剩下的部分再还第二抵押权，这样排下去。把抵押权全都还完了，还有剩下的，就还普通债权，如果没有普通债权就退回给你。"

"什么是普通债权啊？债权还有分普通不普通的？"

"普通债权就是指那些没有抵押权、质权、留置权等优先权的债权，如果债务人资不抵债，普通债权就按比例清偿。举个例子你就明白了：假如你把房子先抵押给 A 银行，给赵岩公司贷款 1200 万元；又抵押给 B 银行贷款 800 万元开美容店；你又管我借 500 万元、管小丽借 1000 万元。后来钱全都没还上，算下来赵岩公司欠 A 银行 800 万元、你欠

B 银行 600 万元。那么银行肯定会卖你的房子。房子拍卖了 2000 万元，那先偿还 A 银行的第一抵押权 800 万元，再偿还 B 银行的第二抵押权 600 万元，还剩 600 万元，我和小丽是普通债权，那就按债权比例清偿，也就是 500∶1000，那就还我 200 万元，还小丽 400 万元。"

"那假如我的房子只卖了 1000 万元呢？"

"那就先还第一抵押 800 万元，剩下 200 万元全拿去还第二抵押，还欠 B 银行 400 万元、欠我 500 万元、欠小丽 1000 万元。如果发现你没有存款了，但名下还有个别墅，那我们几个债主就可以要求法院拍卖你的别墅，拍卖款拿来还我们三个。假如拍卖款足够还，那就都还清了；如果拍卖款不足够全还，那 B 银行、我、小丽就按比例 400∶500∶1000 来受偿。"

"那 B 银行剩下的 400 万元债权怎么不优先了？本来 B 银行不是有抵押的吗？"

"B 银行的抵押是设在你婚前那个房子上面的，并没有设在你别墅上呀。所以 B 银行只对你婚前那个房子有抵押权，对别墅没有抵押权，那对卖别墅的变价款就没有优先权，只属于普通债权，和其他债权按比例清偿。"

"哦，是说抵押权要对应抵押物才行的意思吗？"

"对，抵押物要是没了，抵押权也就没了，但是债权本身还在。抵押权不是债权，抵押权只是让你的债权能够优先受偿的一种权利。如果抵押权没了，你的债权就不能优先受偿了，就得和普通债权一样，按比例受偿。"

"那我明白了。"

《民法典》：
第 394 条【抵押权】；
第 406 条【抵押期间转让】；
第 410 条【抵押权实现】；
第 414 条【抵押顺序】。

12

"我老公公司
有人出车祸去世了"

"怎么办啊,赵岩公司有个员工突然去世了!"

"怎么回事?"

"早上上班路上出车祸了,被公交车撞了没抢救过来。太可怕了!"

"哎,好可怜。"

"是啊,本来工作干得很好,还不到40岁,很有前途的一个人。赵岩让我问你一下,这个事情要怎么处理啊,她老公过来公司闹,要赔偿。"

"怎么被公交车撞了?是谁的责任?"

"是公交车的责任,那个车失控了撞过来,交警已经判定了是公交车全责。"

"上班路上因非本人主要责任的车祸导致死亡,这种是认定为工亡的。公司有给她买保险吧?"

"那都有的。"

"有保险问题不大,费用是工伤保险基金出的。包括丧葬补助金,就是6个月的上年度职工月平均工资;一次性工亡补助金,是上年度全国城镇居民人均可支配收入 20 倍；还有亲属抚恤金，这个要看她有没有需要供养的没生活来源又没有劳动能力的亲属。"

"她有三个小孩，一个 15 岁了，另外一对双胞胎 5 岁。她老公性格有点怪，每天在家带小孩、打游戏，没有出去工作，都靠她养的。"

"她老公不工作是有什么残疾或者疾病吗？"

"没有啊，来单位闹的时候，看着人好好的，看不出来有什么问题。"

"按法律规定，她老公如果完全丧失劳动能力，或者已经满 60 岁，才能领取亲属抚恤金的，每个月能拿到她工资的 40%。要是有劳动能力但不去工作，那不符合领取条件。"

"他有没有劳动能力谁知道啊？每天就知道打游戏，看上去啥也不会的样子。"

"有没有劳动能力不是我们说了算的，要有劳动能力鉴定委员会出具鉴定结论。"

"那我估计他肯定拿不到。40 多岁的人，看上去四肢健全，智力也没什么问题。不过她的小孩能拿到抚恤金吧？"

"小孩可以，一般可以领到 18 周岁。每个月领她工资的 30%。三个小孩都可以，每个领 30%，合起来可以领到 90% 了。"

"那她父母呢？他父母都 70 多了，能领取吗？"

"她父母有没有退休金？"

"她爸爸有。她爸爸以前是个机关领导，每个月退休金还挺多的。她爸妈早就离婚了，她妈妈没有工作，一直靠她给生活费。"

"那她爸爸自己有生活来源就领不了。她妈妈还有没有别的生活来源？有没有其他子女？"

"没有，她妈妈一直没有结婚，就她一个孩子，基本靠她养活。"

"那她妈妈可以领取，每个月也是按她工资 30% 领取。她妈妈多大年纪了？"

"刚满 70。"

"那可以领取 10 年。"

"这是怎么算的？算到 80 岁？"

"小孩领取到 18 岁；成人可以领取 20 年，但是 60 岁以上的，每超 1 岁，减少 1 年；75 岁以上的，只领取 5 年。我们国家按照 80 岁的预期寿命计算年限。"

"那现在看来，她就三个小孩和她妈妈可以领取抚恤金，每人领她工资的 30%，那合计 120%，都比她生前工资还多？"

"不能超过生前工资的。按比例算下来每个人领 25%。至于丧葬补助金和一次性工亡补助金，都是有固定计算标准的，到时候按照标准计算就好了。"

"那需要公司赔偿什么吗？"

"你只要给员工买了保险，出了事就向劳动行政部门申请工伤工亡认定就好了，认定下来了，上面说的那些费用就从工伤保险基金出，不用你公司出。要是不买就惨了，不买的话全是公司出。"

"那幸好买了保险。"

"是的。不过出于人道主义，公司还是可以考虑要给一些钱的。"

"那肯定会的。我们只是担心她出事的时候人还没到单位，怕不能认定为工伤，她老公要闹得凶。那到底哪些情况构成工伤啊？"

"工伤范围蛮广的，最常见的就是在工作时间、工作场所内，因工作原因受伤；也可以是工作时间前后，在工作场所内做提前准备或收尾工作受伤；因公外出期间受伤；患职业病；上下班途中因非本人主要责任交通事故受伤；上下班乘坐交通工具受伤；还有在工作时间、工作岗位突发疾病死亡或者 48 小时内抢救无效死亡；抢险救灾死亡；革命伤残军人转业后在新单位旧伤复发的也算。"

"哦哦，上下班途中出车祸也算工伤的哈。"

"是的，但是要非主责才行。"

"知道了。"

《工伤保险条例》：

第 14 条【工伤认定】；

第 15 条【视同工伤】；

第 39 条【工亡近亲属领取"三金"】；

第 62 条【单位未参加工伤保险责任】；

《最高人民法院关于审理工伤保险行政案件若干问题的规定》第 6 条【上下班途中的认定】。

13

"员工猝死算不算工伤?"

"亲爱的,赵岩最近工作好辛苦,经常半夜都在加班,我好担心他的健康。他说他们公司的员工全这么拼,昨天晚上都10点了还在开视频会议。"

"这么加班,对身体可不好。在法律上也有风险啊,你说晚上10点开会,这不是强制加班吗?违反《劳动法》的。"

"我也是这么说,你自己熬也就罢了,你让全体员工跟你一起熬,这要是把人累死了,那可是要赔钱的。最近我常看见加班猝死的新闻,加班猝死到底算不算工伤啊?"

"要看符不符合工伤的认定标准了,工伤标准是在工作时间、工作岗位突发疾病死亡或者48小时内抢救无效死亡。要是在单位加班直接猝死了,一般可以认定;但是要是加班时发病送到医院抢救超过48小时才离世,这个就未必;而且那些在家里加班猝死的,也未必能认定。"

"现在工作压力这么大职工内卷严重,这些新闻看得人发慌。有个20多岁年轻的小女孩就是连续加班,晚上在宿舍晕倒了,送过去医院抢救了几天也没救回来,最后还是走了。听说后面没有认定为工伤。"

"是啊,我知道那个新闻。她发病是下班后,没在单位发病,而且又抢救了几天,也超过了48小时。没被认定工伤。"

"那怎么办？我看她妈妈好可怜的，家里很穷。"

"告用人单位啊！国家规定的工作时间每天不超过 8 小时、每周不超过 40 小时，确有需要安排加班的，需经工会同意，也不能强迫劳动者加班。劳动者同意的，每天也不应超过 1 小时，特殊情况也不应超过 3 小时，每月不得超过 36 小时。如果他们单位有强制加班情况，可以要求单位赔偿。"

"那如果单位不要求加班，但是给员工安排很多工作，让员工不得不加班呢？"

"那叫变相强制加班。要是单位安排的工作不合理，导致无法在正常工作时间完成，就属于变相强制加班，一样可以告的。"

"那你说赵岩现在动不动就叫员工晚上 10 点开会，是不是很容易就被告了？"

"那要看他们工作时间怎么规定的。我们国家有三种劳动工时制度：第一种就是最常见的标准工时制：一周保证员工至少可以休息一天，每天工作时间不超过 8 小时，每周工作时间不超过 40 小时。第二种是一些工作性质特殊的公司比如从事交通、邮电、铁路、航空、水运、渔业等需要连续作业，或者地质勘探、建筑、旅游、制糖制盐等季节性、受自然限制的行业，经过劳动行政部门批准，可以采用综合计算工时制，这种公司某一天、某一周的实际工作时间可以超过 8 小时、40 小时，但是综合计算周期内实际工作时间不能超过总法定标准工作时间。第三种不定时工作制，对于一些需要机动作业的员工，比如企业高管、外勤、推销员、值班员；长途运输员、出租司机、装卸工人等因为工作特点无法按照标准工时衡量，经过劳动行政部门批准，可以采用不定时工作制，具体工作休息办法各地标准不同。

赵岩的公司没有申请不定时工时制，应该就是采用的标准工时制，就是说一周保证员工至少可以休息一天，每天工作不超过 8 小时，每周工作时间不超过 40 小时就是合法的。"

"那肯定超了。我觉得他们员工有的一天工作 10 小时，甚至还有 12 小时的，但是他们都是自愿加班的，他们关系倒是很融洽，都是自愿拼命干活的一群年轻人。"

"自愿也不行。每天加班不能超过 3 小时，一个月加班不能超过 36 小时，要不然真的出了事，公司可是要承担责任的。而且员工加班有没有支付加班费？现在关系融洽，但是一旦员工离职就未必融洽了，到时候要是没支付加班费，员工肯定要申请劳动仲裁的。"

"好像他们有加班补贴，补贴晚饭和夜宵，一天 100 块。"

"那要算一下够不够哦，正常工作日安排加班的，要按照工资的 150% 支付；休息日安排加班的，要支付 200%；法定节假日安排加班的，要支付 300%。每个人工资不同、加班时间长短不同、是否休息日或节假日都会影响加班费的计算的。一刀切一天给 100，不一定够的。"

"怎么加班费还有这么多标准啊，那到底怎么计算，你跟我说一下。"

"举个例子，假如赵岩公司有个小王，约定给小王一个月工资 8000 元。那算下来小王每个小时工资就是 8000 元 /21.75 天 /8 小时 =46 元。要是你工作日安排他加班，那就要按照每小时 46×150% 的标准，每加班 1 小时给他 69 元；要是安排他周末加班，那就每小时给 92 元；要是安排他五一、十一这种假期加班，就每个小时给 138 元。那赵岩现在按每天 100 元给员工加班费，就要算够不够法律的规定。要是不够，就要补足的。"

"那我要提醒他一下，这样让员工加班有风险。"

"是呀，风险很大。要真的把人累死了，像那个猝死的女孩一样，未必能被认定为工伤；不认定工伤家属就拿不到工伤赔偿，肯定起诉公司。像赵岩这个工作强度,绝对要承担赔偿责任。就算能认定工伤,你公司肯定也要被舆论骂死,哪能这么压榨员工!何况他加班费估计也没付够,到时候可能还要被劳动部门处罚。"

"嗯,我让他赶紧调整一下。"

1.《国务院关于职工工作时间的规定》:第 3 条【工时制度】。

2.《劳动法》:

第 41 条【加班时间】;

第 44 条【加班费】。

3.《劳动部关于企业实行不定时工作制和综合计算工时工作制的审批办法》:

第 4 条【不定时工作制】。

4.《劳动合同法》:第 85 条【单位不支付加班费责任】。

14

"我老公公司有个女员工搞暧昧,怎么开除她?"

"亲爱的,赵岩公司有个女的,两个人经常一起出差,可亲密了。都有好几个人跟我说了,怀疑他俩关系不太正常。赵岩现在走哪都带她,有些根本不是她的业务范围,哪里是去出差的,分明是去约会的!"

"那你不要着急下结论,现在年轻人工作努力,身兼多职也正常,也不是只干自己那一亩三分地的活。"

"你要相信我的直觉。我见过那女的,一看就是那种'狐狸精',风尘味可重了。她进公司的时候还说是美国杜克大学毕业,我怀疑她学历造假。我要是查出来她学历造假,是不是可以开除她?"

"不一定。要看工作岗位对员工学历有没有要求。要是招工的时候就明确写了要求有海外名校留学背景的,那她造假,肯定可以以欺诈为由解除劳动合同。但是假如本来公司也没有这个要求,工作职能也并不需要相关学历,这个员工平时工作又没有其他纰漏,公司以这个理由解除合同就未必能得到支持。劳动争议的案子,主要以公平为原则,具体案件具体分析,不能一概而论。"

"那我要怎么想办法开除她啊?"

"开除员工哪有你想的那么简单啊。员工没有过错,你不能随便解除合同,否则就是违法开除,要赔偿的。"

"怎么没有过错啊？她天天跟老板关系不清不楚，给公司造成不良的影响，还不算过错？"

"第一，这都是你们怀疑的，没有证据；第二，员工的过错是有法律规定的范围的，比如欺诈公司入职、试用期不合格、严重违反公司规章制度、严重失职给公司造成重大损害、兼职严重影响本职工作、犯罪被追究刑事责任这些。她没有这些过错，你开除她没有理由啊。"

"老板连开除个员工的自由都没有吗？"

"员工没有过错你要开除，就是违法解除劳动关系，她可以去申请劳动仲裁。她若是不肯走，要求继续留下工作，那公司就不能开除她；要是她同意走，那公司就要支付赔偿金。她在公司工作几年了？"

"3年多，快4年了。"

"那就赔8个月工资。"

"8个月！她每个月挣4万多，那不得30多万元？！"

"4万多元啊。深圳上年度职工月平均工资我查一下……是12964元，3倍就是38892元。按38892元算8个月，赔31万多。"

"怎么赔那么多啊，你怎么算的？"

"赔偿金按员工在公司的工作年限算，每工作满1年，赔2个月工资；半年以上不满1年的按1年算；半年以下的支付1个月工资。她工作快4年了，就是8个月工资。她工资超过了深圳市2021年度职工月平均工资的3倍，就按3倍算。"

"这也太多了。有没有什么办法不赔那么多让她离职啊？"

"公司跟她协商让她离职，她同意，就可以解除劳动合同。不用赔偿，但是要给补偿金，是赔偿金的一半，也要15万多元。"

"我觉得协商她不会同意的。有没有那种不需要她同意的开除？"

"法律上倒是有这种规定，不过她不符合情况。有3种法定情况，公司可以开除不用赔偿，只需补偿：

一是员工生病、受伤后不能从事原工作，也不能从事另行安排的工作；

二是签合同时依据的客观情况发生重大变化，原劳动合同无法履行，双方无法达成新劳动合同；

三是员工不能胜任现岗位，并经调整或者培训之后还不能胜任工作的。

前两种都不符合。第三种你得找证据证明她不能胜任工作。可是你说赵岩带着她到处出差，很难证明她不能胜任现在的工作。

话说回来因为这三种情况开除的，也要按年限支付补偿金，工作满1年支付1个月工资，4年的话就4个月工资。而且还要提前1个月通知她，不提前通知的话要多加1个月工资作为代通知金，算下来一共也是5个月工资，将近20万元。"

"那怎么办？"

"她签的劳动合同是多久的？是固定期限，还是无固定期限的？"

"5年的固定期限合同。"

"是第一次签合同吗？之前有跟公司签过合同吗？"

"不是第一次。第一次签的2年合同，到期了之后又签了这个5年的。"

"那到期就看情况能不能不续签呗。不过已经签了2次固定期限合同，到期之后，她要是要求继续签合同，公司是否有权拒绝，目前法律还没有明确的规定，各地做法不一。有的地方第二次固定期限合同到期之后公司有权利不续签；有的地方是除非员工不签，否则公司必须续签。司法实践中倾向于必须续签的多一些。所以到时候看，要是能不续签就不续签，但是她如果坚持要签，那估计公司也得跟她签，而且再签就要签无固定期限合同了，就是没有具体年限的合同，那种就是不出现法定原由，一直不能辞退的。"

"公司就不给她续签会怎么样啊？"

"她同意就支付补偿金，她不同意就支付赔偿金。到时候工作年限更多了，7年。补偿金要支付7个月工资，赔偿金要支付14个月工资。"

"那既然早晚都要给钱，还不如早点开除，赔的少点。"

"这个你自己去跟赵岩商量吧，毕竟他才是公司老总，到时候赔钱的也是公司，你哪有权利开除他的员工。而且我觉得，你这疑神疑鬼地插手他公司管理，他肯定会生气的。我觉得你再考虑一下，就算真的想开除她，也要符合法律规定，不要给公司造成那么多损失。"

"好吧。我考虑考虑怎么操作。"

《劳动合同法》：
第 14 条【无固定期限劳动合同】；
第 39 条【（用人单位）法定解除劳动合同】；
第 40 条【（用人单位）通知解除劳动合同】；
第 46 条【经济补偿金】；
第 47 条【经济补偿金计算方法】；
第 48 条【劳动者选择权】；
第 87 条【经济赔偿金】。

15

"我上司
总骚扰我！"

"哎,我最近好烦啊,我不是找了个公司上班嘛,结果我那个上司总是骚扰我!"

"骚扰你?"

"是啊,总是话里话外开一些让人不舒服的玩笑,我觉得很恶心。"

"他那是用开玩笑的手段试探你的底线。你有没有明确表示出反感,或者正式向他提出过抗议?"

"没有,我觉得尴尬,就装听不懂,不理他。"

"你越是这样,他越是过分。我建议你正式跟他提出,让他注意界限。《民法典》明确规定了禁止性骚扰,他要是通过语言、文字、图像、肢体行为等方式对你进行性骚扰,你可以起诉他要求赔偿。他平时都有哪些行为会让你觉得被骚扰?"

"就平时见面开玩笑就很过分,发一些恶心的微信表情什么的,我看到就想吐,马上就删了。有时候吃饭还故意坐得离我很近,有意无意碰我。"

"你不要删呀,那些微信记录你留着,都是证明他骚扰你的证据。平时说话、接触这些不好取证,但是微信这个聊天记录还是很有证明力的，你不要删掉，以后他要是还这样或者更过分，你就拿这个去单位找领导投诉他，也可以直接起诉他。"

"那之前有一些很过分的，都已经被我删掉了。要是起诉他，能申请法院调取微信聊天记录吗？"

"这个不能。一般情况下，民事案件都不能调取微信聊天记录的，你要是删掉了，就没办法恢复了。只有涉刑的案子，公安、检察院、法院才会调取微信记录。所以你要注意自己搜集、保留证据。"

"好吧。我同事说，他在公司干了好多年了。我怕去投诉，他肯定会知道，到时候又要针对我。"

"法律规定单位有义务采取合理的预防、受理投诉、调查处置措施，制止和制止利用职权实施性骚扰。你拿着证据去投诉他，有理有据，公司要是放任不管，那就违反了法律规定。你就把你上司和公司一起起诉，要求他们承担责任。"

"那要是公司找他谈话或者给他处分，他会不会在以后的工作中找我麻烦呀？"

"不一定。但是你委曲求全肯定不行。他只会越来越过分。你若强硬地反抗一下，没准他反而不敢惹你了。但是如果他真的是那种报复心重的小人，也不排除他会找你麻烦。他要是针对你，你可以要求换部门，反正你有他骚扰你的证据，他针对你，你也要保留证据，到时候拿着这些证据跟公司申请换部门。公司要是不给你换，你就找工会、妇联，或者向劳动行政部门投诉、举报，打12345投诉，总之不能姑息，你又不缺钱，就是不能放任他欺负人，到时候我帮你去谈判。"

"是啊，我又不是非上这个班不可，大不了我就不干了，换个工作。"

"那也不能这样想，要走也不是你走，是他走。他这种性骚扰女下属还打击报复的行为，肯定违反公司规章制度的。你们公司不开除他都"

算他万幸。凭什么你走？！你就安安心心上班。要是公司真的帮着他打击报复你，你就主张公司违法逼你离职，申请劳动仲裁，让公司支付赔偿金。然后还可以依据《民法典》告他性骚扰，要求民事赔偿，让公司承担连带责任。"

"好的，我们公司好几个女孩子都被他骚扰过。这个人真的好恶心。"

"那你发动这些女孩子跟你一起投诉呀，找公司领导反映情况，不能一个两个都不吭声，放任这种职场恶习。要是被骚扰的员工多了，公司肯定要引起重视，郑重解决问题。这也事关公司的形象，哪个公司愿意被说风气不好啊。所以你们都要强硬起来，维护自己的权利！"

"好的，我去跟她们谈谈。"

《民法典》：第 1010 条【性骚扰】。

16

"我老公公司的保洁阿姨受伤了"

"亲,赵岩公司有个保洁阿姨,昨天打扫卫生的时候地面有水她摔倒了,还挺严重的,骨折住院了。这种公司要不要赔钱啊?"

"保洁阿姨?劳务关系吗?"

"她都 60 多岁了,公司跟她签了劳务合同,每天早晚打扫一下办公室,一个月 3000 元,不买社保的。"

"那是劳务关系。那有没有给买工伤保险呀?"

"没买呀,赵岩说她又不是员工,就没给她买保险。"

"劳务关系也要买保险呀!要不然受了伤也可能要参照工伤处理。认定了工伤,那就要企业出钱了。"

"不是说超过法定退休年龄就不是劳动关系了吗?劳务关系怎么也要买保险呀!"

"超过法定退休年龄,虽然不认定劳动关系,但是为了保护这些弱势群体,广东有规定,在工伤认定问题上可以参照劳动关系。一般情况下,这种劳务用工人员在工作中出了事故,可以向社保局申请工伤认定。社保局那边如果给认定为工伤,那就可以走工伤保险基金。但是如果企业没有给她买工伤保险,那就走不了工伤保险基金,企业就要参照工伤标准给她赔钱。"

"哎，我们哪里知道啊，以为劳务关系比较简单嘛。"

"赵岩没买商业保险吗？很多保险公司也推出了企业安全生产责任险呀，买了这种安责险，出了事故也可以减少很大一部分损失。这种保险比工伤保险覆盖面大，不只涵盖企业员工或劳务提供者的工伤，还有企业出现安全生产事故后对第三者的损害赔偿、施救等费用，具体要看各个保险公司提供的保险方案。"

"我不知道他买没买，我得问一下。"

"工伤保险就类似车险里面的交强险，企业安责险就类似商业保险，我觉得两个可以都买，保障更大一点。企业安责险的赔偿可能没有工伤保险赔得多，如果你没给员工买工伤保险，光有安责险，那差额部分也要企业补足的。不过要是买了工伤险，同时又买了安责险，两个可以同时赔付的，那企业自己就几乎不用掏钱了。要不然工伤赔完企业也多少要拿点钱作慰问金嘛，你要是保险买得多，自己就掏得少。"

"社保局要是认定不属于工伤呢？"

"那就享受不了工伤待遇，你们公司也就不用按工伤的标准赔。她要是不服，可以提起行政复议或者行政诉讼。"

"如果社保局认定为工伤，公司不服，可不可以提起行政复议或诉讼啊？"

"可以啊。但是要是像你说的，她就是在打扫卫生的时候滑倒了摔骨折了，认定为工伤的可能性还蛮大的。"

"那认定为工伤了要赔哪些钱呢？"

"医疗费、康复治疗费、住院伙食补贴、交通食宿费、辅助器具装配费、护理费，工伤医疗期还要给工资，出院了要做个劳动能力鉴定，构成伤残的还要给一次性伤残补助金，按月给伤残津贴。还有一次性工伤医疗补助金和伤残就业补助金，具体规定各地的标准不一样，你可以查一下当地的赔偿标准。"

"这么多？！这可真是太可怕了。"

"是啊，所以开公司一定要买工伤保险呀，无论是劳动关系还是劳务关系，能买的全买，最好把安责险也买了，这种工伤，一年出一个企业都受不了。"

"好的，我告诉赵岩。"

1.《工伤保险条例》：
第 17~20 条【工伤认定】；
第 55 条【对工伤认定结果不服】；
第 62 条【未缴纳工伤保险，用人单位责任】。
2.《关于单位从业的超过法定退休年龄劳动者等特定人员参加工伤保险的办法（试行）》。

17

"我老公和公司被人告了!"

"亲爱的,赵岩被人起诉了!"

"啊?因为什么呢?"

"就是他们几个同学开的那个公司被起诉了,赵岩作为股东和法人代表,也一起被告了。"

"你看一眼起诉状,谁是原告、被告?什么案由?主张是什么?你给我读一下。"

"原告是杭州天某马服饰有限公司,被告是深圳金某叶品牌设计有限公司、赵岩。案由是合同纠纷,诉讼请求:1. 被告金某叶公司返还合同款10万元并支付赔偿金100万元;2. 金某叶公司股东及法定代表人赵岩承担连带赔偿责任。事实与理由:2021年12月1日,原告与被告金某叶公司签订《品牌管理合同》,约定金某叶公司为原告做品牌推广,在抖音、小红书、快手等十个网络平台做宣传,保证各平台浏览量均达3万人次/天,被告每月为原告安排5场粉丝人数不低于30万的网红主播进行专场品牌销售,每场1小时。合同期限6个月,费用合计10万元,任何一方违约应赔偿对方100万元。合同签订后,原告向被告支付费用10万元,但被告仅提供2个月服务后,就没有继续提供服务。双方多次沟通无果,现要求被告按照合同约定返还合同款10万元并支付赔偿金100万元。赵岩是该公司唯一股东及法定代表人,应当对公司债务承担连带清偿责任。"

"赵岩是唯一股东？他那个公司是一人公司吗？"

"是呀。其他几个同学是帮手的，股东就赵岩自己。"

"那一人公司的话，有点麻烦的。要看赵岩能不能证明公司财产与他个人财产是相互独立的。也就是说要看他们公司账目清不清楚，公司财产有没有做到与赵岩的个人财产相区分。如果公司是公司、股东是股东，账目、财产、交易记录什么的都区分得很清楚，那么公司的债务就不关赵岩的事。就算公司欠钱，也不能找股东要。但是很多一人公司，股东随便从公司往外拿钱的，公账私账混到一起，说不清楚。那种就要股东承担连带责任了。"

"赵岩说他们公司账目很清楚的，因为有个学会计的同学在他们公司，平时他们都很注意的。不存在混同的问题。"

"那就好，那就把这些证据保留好，到时候万一真的公司负债了，也能撇清责任。他注册资金是多少呀？是认缴的吗？章程怎么规定的？"

"他公司注册资金100万元，好像是在2035年之前缴清就可以。他说已经实缴了30万元左右吧。"

"那出资义务没什么问题。但是万一公司破产的话，可就等不到2035年了，股东出资义务立即到期，到时候差多少出资就要股东马上补足。"

"那不至于破产，他们公司现在业务做得挺好的，风生水起的。这个案子是个意外。"

"那就好，那要是公司不会破产，赵岩账又清楚，那基本上不需要赵岩对公司债务承担责任。那你说一说这个案子是怎么回事吧，我帮他分析分析，为啥只推广两个月就没做了？"

"因为那个公司的产品有问题。头两个月都是按合同约定的标准给他们做推广的，销售量也不错。后来他们的产品的投诉太多，他们做的衣服里面全是线头，质量太差了，这种垃圾产品谁敢给他继续推广啊，到时候一定会砸自己的招牌。"

"合同中有没有规定，他们产品质量不好的话你们享有解除合同的权利？"

"有啊，有个投诉率的规定，他们达到投诉率，我们就可以单方终止合同，不退款，还可以要求对方承担100万元的违约金。"

"那他们达到约定的投诉率了吗？"

"应该达到了吧，要不然也不会终止推广。没想到他们产品那么差居然还好意思起诉，我们还没追究他们的责任呢，要是我们反诉，他们还要赔偿我们100万元呢！是不是？"

"你们这个违约金约定得过高了，肯定不会支持的。但是要是你们可以证明他们的产品投诉率达到了合同约定的标准，你们单方终止合同就没有问题，也不用退款。但是想要主张违约金，我建议你们还是要搜集证据证明你们由此产生的损失。虽然合同有明确的约定，但是过分高于实际损失，对方肯定会抗辩的，到时候法院会调低的，一般情况下不会高于你实际损失的30%。你推广了两个月，收了10万元，相当于剩下4个月都没做，就白收了钱，基本已经可以覆盖你的损失了，再支持进一步的违约金的可能性不大。"

"好吧，那我让赵岩去搜集一下证据，看看能不能证明我们的实际损失。"

"好的。"

1.《民法典》：第585条【违约金】。
2.《公司法》：第63条【一人有限责任公司股东责任】。
3.《企业破产法》：第35条【破产加速出资】。

18

"我老公公司欠了好多钱,是不是面临破产了?"

"亲,我才知道,赵岩的公司欠了好多钱。昨天有人上门来找他要钱,他不在家,那些人就在小区门口等他,我打电话给他,他就说他最近都不回来住了,让我把那些人打发走。"

"那后来他们走了么?"

"我问了管理处,说他们在小区门口等到凌晨三点多才走的。今天又来了。我现在都不敢出小区了。"

"他们认识你吗?有管你要钱吗?"

"我不认识他们。昨天管理处说有人来访,找赵岩。我说赵岩不在家,没让他们进小区。然后他们用小区门禁视频跟我说的,说赵岩欠他们钱,让我俩还钱。我说我不知道他公司的事,让他们自己找赵岩,他们就威胁说不出去解决,他们就在小区门口守着不走了。我也不知道他们认不认识我,我现在门都不敢出,怕他们找我麻烦。"

"赵岩有说是什么事吗?"

"他说是公司的事,不是他个人的事。公司受疫情影响经营不好,之前一些网红都跟他们解约了,然后他们签的一些合同就履行不了,可是又没钱给别人退款,现在那些品牌方就过来管他要钱。他说门口那些要钱的,估计都是各个品牌方雇的讨债的人。"

"哦,也不用太担心,他们讨债也不能动用暴力的,你就正常出入,他们要是骚扰你,你就报警,他们不敢把你怎么样的。但是老堵着你们也不是办法啊,多丢人啊,你问问赵岩打算怎么解决?"

"他说公司就是缺资金,他们那些员工都是很有想法、很有才华的,也都想跟着他继续干,但是公司现在这个经济状况太差了,巧妇难为无米之炊。他总觉得是时运不济,但对这个行业又很乐观。可公司现在欠了那么多钱,好多合同都违约了,贷款也贷不下来。他还想管我爸借钱周转,我爸说这种情况下再拿给他钱,风险太大,很有可能钱一到就被别人给起诉执行了,那个公司现在就是个无底洞。"

"哎,听你这么一说没救了啊。要不然就申请破产吧,然后看看能不能重组。能挽救就挽救,不能挽救就清算,赵岩要是还想带团队做这行,这个公司口碑这样子,肯定用不了了,可以重新开一个公司从头再来。"

"什么破产、重组?"

"破产就是公司资不抵债了,公司或者债权人都可以申请它破产,清算一下公司还剩多少资产、有多少外债,把公司的资产全都拿出来,把欠的债务还了,之后公司主体注销,以后就没这个公司了。"

"不够还怎么办?"

"有优先权的债权可以优先清偿,剩下的普通债权大家就按比例清偿。比如算下来每个债权人都只能实现 50% 的债权,那就只还 50%,剩下的债就没了,也不用还了。"

"那重组呢?"

"重组就是公司虽然符合破产情况,但是觉得自己还有救,那就向法院申请不破产、进行重组,法院觉得靠谱,就准许。准许之后,公司要制定重组计划,债权人全体表决通过、法院批准之后,公司就按重组计划去自救。一般重组计划里面会约定对于公司的欠债怎么还、什么时候还、按什么比例还。相当于各债权人答应对公司债务进行一定的减免，留它一命，让它东山再起。"

"我觉得那赵岩肯定想重组啊，他对公司还是很有感情的，估计舍不得破产。"

"那赵岩可以向法院申请重组啊，要法院来决定能不能重组。赵岩要提供证据证明现在公司资不抵债，并且提供一套有可行性的重组方案，法院会评估重组方案的可行性，看这个公司有没有挽救价值，要是有可能绝处逢生，那法院可能会同意重组。"

"债权人会同意重组吗？"

"决定权在法院。赵岩要是重组方案做得好，那法院就可能同意。不过赵岩也可以先跟债权人谈判，先拟定一个重组计划取得债权人的同意，这样就更加有利于法院批准重组。你让赵岩做一个企业资产负债表，预估一下如果申请破产，那么债权清偿比例大约是多少。然后如果债权人允许公司重组，那么可能实现的债权是多少。进行一个直观的对比，到时候去跟债权人谈判。要是重组能实现的债权比例显著高于破产受偿比例，那我觉得债权人还是有可能会同意的。毕竟赵岩这个公司以前做得还不错，员工素质也高，团队还是很有实力。而且这种新兴媒体产业前景比较好，只要肯投钱，扭亏为盈可能性也很大。"

"是啊，其实只要有资金，他们公司还是很有发展的。可是现在就是公司负债多，贷款办不下来，没有资金，就恶性循环了。"

"那就找到关键点了，就是融资问题。那赵岩的重组计划就要把重点放在如何融资上，解决这个主要症结，才能盘活公司。到时候法院看他的方案有没有可行性，还是要看资金从哪里来的。你光画饼，结果没钱买面粉，那肯定白扯。"

"如果找不到融资途径怎么办啊？"

"那就看你爸要不要救他了。要是没有资金渠道，那估计重组批准不了。就只能申请破产清算，把公司注销了。不过这里有个问题，就是赵岩公司如果破产了，那赵岩的出资义务就加速到期了，公司注册资本是多少钱？赵岩认缴多少，有没有实际出资？"

"注册资本 100 万元，他是一人公司，这 100 万元全是他一个人认缴的，已经实缴 30 万元左右了。"

"那要是破产了，他就要把出资出满 100 万元哦，还得补 70 万元，这 70 万元可以拿去给公司还债的。"

"啊？这么惨啊。"

"是啊，而且一人公司还要小心，如果赵岩个人财产与公司财产有混同，到时候债权人可能会要求赵岩对公司债务负责呢。赵岩的公账、私账分得开吗？"

"这个分得开，你以前跟我讲过，我就提醒他了。"

"嗯，那就好。"

"那我们现在该怎么做啊？这些债权人老在小区门口堵我……"

"堵你还不是因为赵岩躲着人家，欠了钱，就大大方方解决，躲着有啥用。你让赵岩自己考虑下，公司还要不要开下去，能不能重组。能，就制定方案，想办法融资，去跟债权人谈判，向法院申请重组；不能，就申请破产。问题总是要解决的，这样拖着也不是办法。"

"好的。"

本节参照《企业破产法》

19

"我老公被判赔 600 万元，法院会执行我们的房子吗？"

"哎,赵岩公司的判决下来了,三个案子,加一起要赔偿对方 600 多万元。赵岩承担连带责任。"

"啊?连带责任?那麻烦了!之前你不是说公私账目分得清吗,怎么还要承担连带责任啊?"

"别提了,我警告过他,可他没按我说的做啊。他就是在外面花钱找人做了账,搞了两本账本,但是那个账做得太假了,对方申请了审计公司审计,审计结果说他们公司账目不清,还发现公司账单里有挺多他的个人消费记录,就判了连带责任。"

"那麻烦了,600多万元。我估计他公司肯定没那么多钱。公司账上要是没钱,债权人估计就要赵岩以个人财产清偿了。"

"是呀,我现在就担心执行的时候会不会牵连到我。"

"你俩不是分别财产制吗?这种股东连带责任的,就算执行也要执行他个人财产,不会牵连到你。你俩有什么共同财产吗?"

"去年他公司盈利不错,他买了一套公寓,登记在我俩名下了,说感谢我拿别墅给他办抵押借款。那套公寓差不多 800 多万元,贷款买的,他每个月在还贷。其他没什么大额的共同财产。你说公寓会不会被执行了啊?"

"不好说，要是赵岩名下没有其他的财产，那肯定可以拍卖公寓啊。"

"我是共有人啊，我不同意，能拍卖吗？"

"你不同意也没用。如果赵岩的个人财产不够清偿债务，法院就有权拍卖。到时候法院会通知你，你就提个执行异议之诉，但是基本没用，肯定会被驳回的。你提也就是拖个时间。到时候法院还是会拍卖，拍卖的钱先还银行贷款，剩下的钱可以给你留一半，然后他那一半就拿去还钱。"

"那我有什么办法能留住这个公寓吗？"

"你要是能帮赵岩把钱还了，就不用拍卖了。你让赵岩先用公司钱还，公司钱不够了用他自己的钱还，看看还差多少。要是差的不多，你就可以替他把钱还了，就不用拍卖了啊。你大不了让赵岩给你打个欠条呗，等他以后挣钱了再把钱还给你就好了。这样你的公寓还留得住。"

"你说能不能让赵岩把房子过户给我，到时候就说是这个公寓是我的个人财产。反正我俩是分别财产制，法院总不能让我承担他的债务呀！"

"你那叫转移财产……"

"也不能叫转移财产啊，我老公把房子赠与给我，有什么问题吗？合情合理啊！"

"如果你老公不欠别人钱，那他愿意赠与你当然没问题。可是他现在欠着别人的钱不还，还把自己的财产赠送给你，肯定不行啊。这种行为在法律上就是转移财产、躲避债务，就算是你俩偷偷摸摸过了户，债权人知道了都可以行使撤销权，撤销你俩之间的赠与的。撤销之后，房子还是回到你俩名下，债权人可以要求法院拍卖的。到时候要是给债权人造成损失，人家还可以起诉要求你俩赔偿。"

"那怎么办呀，这套公寓我花了80多万元装修的！"

"你要是舍不得房子，你就和赵岩去跟债权人谈和解，你看能不能让债权人减免一部分，你帮赵岩还了，还完你就让赵岩把房子过户给你作为你的个人财产算了，放在他名下不靠谱，分分钟又被人给告了。"

"那几个债权人好像不好说话，之前你说让赵岩跟他们谈公司破产重组，他们也完全不配合。"

"你要还钱，他们总会愿意啊！大不了就不同意给你减免呗。他们要是不愿意，你就自己去参加竞拍，反正现在房子拍卖都是网上拍，你有优先权，到时候拍卖的时候你就参加竞拍，行使优先权。这没准也是好事，因为法拍房一般会比市场价便宜，你相当于用比较便宜的价格把这个公寓买回来了。到时候法院出了裁定，直接这个公寓就是你个人的了，你也不用跟赵岩商量过户了。"

"嗯，好的。那赵岩被执行，不会因为我是配偶就执行我的个人财产吧？"

"不会的。判决都没判你承担责任，这就是他个人债务，用他个人财产清偿。个人财产不够，才拿共同财产中他的个人所有的部分清偿。怎么也执行不到你的财产上面去。"

"好的，我知道了。"

---

1. 《民法典》：
第 154 条【恶意串通】；
第 157 条【无效后果】；
第 1065 条【个人债务】。
2. 《关于人民法院民事执行中查封、扣押、冻结财产的规定》：第 12 条【处分共同财产】。
3. 《关于人民法院网络司法拍卖若干问题的规定》：第 16 条【优先购买权】。

20

"我老公想买一个法拍房,
有什么风险吗?"

"亲爱的,赵岩看网上有个法拍房,价格挺不错的,想竞拍一下,但是不知道这种法院拍卖的房子,有没有什么风险啊?"

"你要看下法院的拍卖公告哦,上面有一些关键信息,主要包括房屋有没有租赁或其他权利负担、现在里面有没有人居住、法院负不负责过户和清场。"

"有没有租赁和权利负担是什么意思?拍卖的房子还带租客的?"

"有的时候被执行人的房子是已经出租给别人在用的,根据'买卖不破租赁'的原则,房屋所有权变动不影响租赁关系。法院在卖房子之前,会核实房屋有没有合法的租赁,如果有,那么就带着租赁拍卖,你拍到的房子就是带着租赁的;如果没有,你拍的房子就是干净的;第三种情况就是房子虽然有租赁,但是租赁对抗不了执行,那么法院就不带租赁拍卖,你拍下房子后有权利清走租客,但是就可能会产生和租客之间的扯皮。"

"第三种我没理解,什么叫'有租赁但对抗不了执行'?"

"如果房子上设有抵押权,那么出租房屋之前,应当经过抵押权人同意。如果没经过抵押权人同意,那么租赁合同无法对抗抵押权。一旦债务人还不上钱,抵押权人要求卖房子,就可以打破租赁。简单来说,先抵押、后出租的房子,为了实现抵押权,可以打破租赁;先出租、后抵押的房子，不能打破租赁。"

"那我们贷款买的房子都是抵押给银行的呀，那出租都需要经过银行同意吗？"

"是的。从理论上说，你出租就应当取得银行的同意。不过现实中，大家不会去问银行同不同意，你问了银行也肯定不会同意。"

"那没经过银行同意，出租还有效吗？"

"有效啊，只是租赁关系不能对抗抵押权而已。如果你断供了，银行要卖你房子，那租客就要被清走。"

"那有租赁但是不能对抗执行的话，法院拍卖公告上会写有租赁吗？"

"不写，因为这个租赁是法律不承认的，所以不会带着这个租赁卖房子。但是不写不代表里面没人住啊，完全有可能住着人的。拍卖的房子里面有可能有好几种人住，一是被执行人自己家里人住；二是被执行人亲戚朋友住；三是租客住。虽然你法院不承认租赁，但是租客就不肯搬走呀，尤其是那种已经提前把租金给完了的租客，你现在要他们搬走，他们肯定不干，就会闹呀。"

"那他们钱都给完了，让他们搬走，确实不公平，他们该怎么办啊？"

"他们租房子的时候就应该知道房子有抵押，抵押权都是登记、公示的。租房子的时候，看到有抵押，就应当预见到有这个风险，那么他还选择提前给房租，那就只能自担风险呀！不过他们被清走之后，租赁合同没有履行的部分可以折算要求被执行人退房租的。这都是纯理论上的，你想，被执行人房子都被卖了，肯定没钱了，哪有钱退他房租。所以租客也不傻，知道钱反正都要不回来了，所以一般都坚决不肯搬，这就会给拍到房子的新房主带来麻烦。"

"对呀！就怕里面有人赖着不走，我们拍下来房子，又拿不到房子，那不是白拍了？！"

"是呀，所以要看法院的公告上写法院是否负责过户、清场。这个也非常重要。正常情况下，你拍下房子，交了尾款，法院会给你个过户裁定，然后有这个过户裁定，就可以办理房产过户了，过完户房子就是你的了。但是你办理了过户，也不代表就能拿到房子啊，里面要是住着的人非不搬走，你也住不进去。我们国家不允许以暴制暴，你也不能强行开锁暴力收房，要不然产生冲突你也没好结果。所以就需要法院依法强制去收房，一般就是贴个公告，要求里面的人限期搬离。要是到期不搬，法院就上门断水断电。还不搬，就法院带人开锁，里面的东西视为遗弃物，直接把新锁钥匙交给新房主，新房主就有权利使用房屋了。不过说着轻松，法院清场的时候经常会有人闹很凶，不乏那种扬言同归于尽死活不交房的，这种法院就有权把人直接拘留送拘留所关 15 天，要是情节特别严重，也可以追究拒不履行判决裁定的刑事责任。"

"听着简单，但是要真的里面的人闹得凶，就算是法院把人拘留了、强制交了房，那人放出来之后还是会来找我么闹，有很大的麻烦呀！"

"是的！在拍法拍房之前，最好去实地看看，去管理处问问，去拍卖房子的法院了解一下房子里面有没有人住，没有的话问题不大，有的话也要去探探口风，看里面的人配不配合搬迁。就算不是那种过激闹事的人，万一里面住了两个老人，你说法院能强制清场吗？肯定不能嘛，对不对。"

"懂了懂了。我让赵岩先去看看那个房子再说吧。可别买了个麻烦。"

"嗯。对了，还要提醒你，有的房子没办法登记、过户，法院就不能办理过户，直接现状交付，后面能不能办理房产证法院是不管的。这种也有风险，你要留意一下。"

"为什么没办法办理过户、登记呀？"

"比如小产权房啊,或者不符合登记条件的房子,或者有些基于历史遗留问题建起来的房子。这些房子没办理红本,正常情况下是不能在市场上流通的。但是被执行人名下没有其他财产可以变现,所以法院就只能把这些房子拿来拍卖,也会有一些人愿意买这种房子,因为便宜,但是没有红本,以后想卖掉也没那么便利,一旦出了纠纷法院也不受理,所以风险更大。这种房子的话,法院拍卖的时候会在拍卖公告中进行说明的,自己考虑要不要买。"

"好的。"

1.《民法典》:
第 405 条【先租后抵押】;
第 725 条【买卖不破租赁】。
2.《最高人民法院关于审理城镇房屋租赁合同纠纷案件具体应用法律若干问题的解释》:
第 14 条【先抵押后出租】。

21

"我想办个假离婚"

"亲,赵岩现在承担的风险太大了,我俩商量了一下,想办一个假离婚,把他名下财产给我,然后签个代持协议。你说行不行啊?"

"赵岩现在已经产生多少债务了呀?"

"上次三个执行案件已经和解了。目前没有诉讼。但是赵岩说还有几个合同已经违约了,正在谈判中,对方还没有起诉。但是估计对方一旦起诉,他还是要承担责任。赵岩想用谈判稳住对方,先把手里的财产转移转移。"

"那不行哦。既然现在已经出现了违约,那就事实上已经产生了债务。在已经有债务的情况下,是不可以赠与他人财产的,他要是把财产转移给你,债权人知道了就有撤销权,可以撤销赠与,要是给债权人造成损害,还要赔偿。"

"那不赠与,我买呀,比如他的奔驰,5万块钱卖给我,转到我名下,我给他5万块嘛。"

"奔驰你5万块钱买得到?这明显是低价转移财产。这种也不行的,赠与财产、超低价卖、超高价买,这都不行。总之不符合常理、不符合市场行为的财产处分,都会被认为是恶意转移财产,债权人都可以撤销的。"

"债权人怎么知道我们有没有转移财产呀,他们查得到?"

"房产、车、股权这些都有登记记录的呀,什么时候过户转让的一查就能查出来。赵岩他们签订的合同中肯定有约定履行期限,他超期未履行,就构成违约,就在事实上产生了债务。拿两个时间点一对比,要是财产变动的时间在违约时间点之后,那债权人就可以主张他转移财产!"

"那这么说,只要有违约行为,就不能进行买卖了?"

"可以进行正常的买卖,但不能恶意减损财产。比如赵岩要是真的卖房子,那没问题,房子登记给别人,别人把买房款转给赵岩。这种正常的交易是允许。或者赵岩有欠别人钱,在收到卖房款之后,直接用于还债,虽然减损了财产,但是不是恶意减损,是正常还债,也没问题。但是假如赵岩收到购房款,直接把钱转给你,说赠与给你,那就不行。债权人就可以主张撤销;或者赵岩用 500 万元买你一个馒头,那不就跟赠与没有啥区别吗,那也不行。"

"那我可以说赵岩之前有管我借钱啊,他现在不是赠与给我,而是还我钱,是不是就是合法的了?"

"如果他确实管你借过钱,那他还给你当然没问题。但是你要有证据证明你们是真的有借贷关系,而不是制造假的债务以此来侵犯债权人的权益。比如你说你曾经借过他钱,那有没有借款合同、转款记录、还款记录?有没有其他的辅助证据?要是真的有借款的话,不可能当初没有转账记录吧?不可能两个人这么久了从来聊天都不提这个事吧?法官会根据你们的证据是否充分,来判断是不是真的有借款。尤其是夫妻之间,很容易串通损害第三人的利益,法官在判断上会更加谨慎,不是你随便说一说,就能蒙混过去的。"

"那现在应该怎么办啊。我觉得赵岩现在债务风险太大了,他自己都说现在也不知道公司到底有多少外债,自己要不要承担连带责任,目前知道的就已经有 800 万元了,还有一些没有曝出来的。"

"你俩是分别财产制,又没什么共同财产,所以一旦离婚,正常情况下双方的个人财产都属于各自所有。要是离婚他把财产都给你,这就属于赠与,赠与肯定是不行的,会被债权人撤销。所以他如果想合法地把财产给到你,就一定要有法律上的正当理由。比如我刚才说的,他之前是否有向你借过钱?或者他有没有向你爸借过钱?再或者,离婚了他肯定要支付小孩的抚养费吧?那就一个月给3万块钱抚养费,一次性支付至小孩18岁,那也600多万块呢。再或者,他有没有婚内的法定过错呀?构不构成离婚时可以主张损害赔偿的情形?这种合法的债务,法律是可以支持的。但是像你一开始说的,无偿转移财产损害债权人利益,那肯定是不行的。"

"啊,对。你一说我想起来,在赵岩刚开始开公司的时候,好像找我爸拿过钱。我去问问我爸,后面钱还了没有。要是没有还,就让我爸把钱要回来。"

"是啊。合法的债务是可以清偿的。"

"那抚养费能一次性要吗?"

"可以啊。本来离婚了,孩子给你,他肯定有支付抚养费的义务呀。他现在财务风险这么大,你不让他一次性付清,万一他以后没钱给抚养费,那孩子怎么办啊,你这可是在保护孩子的合法权益。不过如果你们约定的抚养费过高,不排除后面被债权人主张撤销哦,这个我不敢保证的。我们国家一般抚养费由法院判的话,大约判一方月收入的30%左右,赵岩以前月收入至少10万块钱吧,每个月给3万元抚养费对他的经济水平来说倒也正常。而且就算是被撤销,起码也可以参考深圳市普遍的抚养费水平计算。"

"嗯,那这么说,我俩还是弄个假离婚吧。"

"我要提醒你哦,我们国家可没有'假离婚'这个说法,办理了离婚证,那就是离婚了。双方就解除了婚姻关系,他可就有权利跟别人结婚了哟!你记得那个电影《我不是潘金莲》吗?"

"那我让他签个保证书可以不？如果他跟别人结婚，要赔偿我损失那种。"

"不可以，那玩意没有法律效力。反正我提醒你了，你自己考虑好。"

"好的，我再琢磨琢磨。"

《民法典》：

第 538~539 条【债权人撤销权】；

第 1085 条【抚养费】。

22

"房东扣押我的租房押金不给我"

"小菲姐姐,我是珊珊的表妹,有点法律问题想咨询你一下,可以吗?"

"可以呀,你遇到什么事啦?"

"我之前从我同学手里租了个房子,他要退租,房东不给他退,刚好我要租房,就转租给我了。房东也知道的,后面我就一直住着,我交房租。现在房子到期了,我不想租了,房东不肯退押金,说我们转租没经过他同意,他要把押金扣了。可是之前我已经把押金给我同学了。现在房东不退押金,还说我们把他的厕所门弄坏了,让我赔他修门的钱。那个门确实破了,不过也不知道是本来就是破的,还是之前我同学养宠物弄坏的。但是给到我手里就是破的。现在房东让我修,不修就赔钱。"

"转租的时候你们有跟房东说吗?"

"有的,我同学手机里有聊天记录。我同学发微信跟他说,房子已经转给我住了,让他退押金。然后房东回复说押金租期届满一起结算。那你看他也没说不让转租,而且后面我就加了房东的微信,按月给他转房租,他一直都收了也没提出异议,这都收了一年了,谁想到他现在说租房合同里面规定了不得转租,转租要没收押金。"

"合同里面关于押金是怎么规定的?"

"乙方不得擅自转租，如擅自转租，甲方有权解除合同并没收押金。"

"那没关系，合同约定的是擅自转租。你们转租的时候已经告知他，他6个月内都没有提出异议，并且按时收你的租金，就视为他同意了。而且合同约定的是，他有权解除合同并没收押金，他也没有解除合同，所以也就不能没收押金。更何况他在微信上说了押金等租期满了一起结算，也没有表达要没收押金的意思。"

"那他不给我怎么办？我能起诉他吗？我没有租房合同，当时转租都没签合同的，就我同学跟房东说了一声。我什么证据也没有。"

"你同学和房东约定的承租期限是什么时候到什么时候？什么时候转给你的？你又住到什么时候？"

"他俩的合同是2020年8月到2022年11月底。我同学是2021年8月份转给我的，我一直住到2022年11月底，我打算换个地方住，不继续租了。"

"你要明白，租房合同是房东和你同学之间的签订的，但是你同学又把房子租给你了。房东和你同学两个人之间有一个合同、你同学和你之间有一个合同。你和房东之间并没有直接的合同。所以，押金需要你同学向房东要。要是你同学嫌麻烦不愿意去要，也可以让你同学给你出一个《债权转让的声明》，把向房东要押金的这个权利转让给你，然后让他告诉房东把押金退给你。房东要是不退，你就有权利起诉他了。"

"房东肯定不退的。"

"那你就起诉他要他退呀。"

"他还说那个门坏了让我赔钱，我要赔吗？我来的时候就是这样的。"

"那要看房东能不能证明交房时这门是好的。如果能证明房子交给你同学住的时候门是好的，现在收房的时候门坏了，房东就有权主张赔偿或者要求维修。不过基于合同相对性，房东只能要求你同学赔或修，不能让你赔或修。如果你同学把债权转让给你，你去起诉主张退押金，那房东还是有权要求把维修费直接从押金里面扣除的。"

"那扣了我的押金，不还是相当于是我赔的？"

"从法律关系来说，押金是退给你同学的。你同学把门弄坏了，房东当然有权从押金中抵扣。虽然你同学把退押金的权利转给了你，但是房东抵扣的权利还在。你相当于替你同学承担了这个损失，你可以找你同学要回来。他应该也不至于不承认吧？"

"应该不会。他如果说不是他弄的，怎么办？"

"你起诉房东要押金的时候，把你同学列为第三人。如果房东说交房时候门是好的，要房东举证。房东举证不了，那就不能扣你们押金。如果房东有交房照片或者合同备注什么的，确实能证明交房时候门是好的，那就是你们俩其中之一弄坏的咯。你承担了这个修门的损失之后，有权利找你同学追偿，但是前提也是你要证明这个门是你同学弄坏的。你有证据证明当时他给你交房的时候门就是坏的吗？有没有照片或者看房视频？"

"有视频，当时他说转租给我，发给我看过房子的情况，我找找聊天记录……有的！视频里面能看到那个门已经是坏的了！"

"那就可以，你就依据这个主张你拿到房子的时候，门就坏了，房东交房给他时门是好的，他给你时门已经坏了，那就推断出是他弄坏的。到时候房东扣了你多少押金，或者你自己修门花了多少钱，就让他付给你就好了。"

"好的，哎，真麻烦。还不如我自己重新租个房子。"

"是的,转租很多问题。以后租房子还是尽量直接与房东签订租房合同,不要租二房东的房子,隐患多,法律关系也复杂。"

"知道了,下次肯定不会了。"

《民法典》:

第 716 条【转租】;

第 717 条【转租期限】;

第 718 条【推定同意转租】;

第 545 条【债权转让】;

第 548 条【债权转让时债务人抗辩权】;

第 549 条【债权转让时债务人抵销权】。

23

"我想要租一个商铺"

"亲,我同学在赵岩公司附近有个商铺在放租,我那天去看了下,位置不错,临街,旁边就是 KK MALL,我想租下来跟两个朋友合伙开咖啡店。我同学说之前他租给披萨店一个月 20000 元,现在我要租的话一个月 15000 元。我想先租一年。"

"可以啊,KK MALL 旁边是好位置,店面大吗?多少平方米?"

"挺大的,以前做披萨店的。40 平方米,很方正。"

"那一个月 15000 元可以啊,签下来咯。"

"我同学在香港,短时间都回不来,不用签合同了,我们很熟的,不用搞那么见外。"

"你看,你这就不对了。你这咖啡店也不是你一个人开的,哪能这么随便。万一以后有纠纷,你怎么跟合伙人交代啊。再说了,签合同也不是你去签,是以咖啡店的名义跟他签,这个房租是咖啡店出,不是你个人出。咖啡店成立了之后就独立于你了,你的定位要找准。要是开成有限公司,那你就是股东;要是开成合伙,那你就是合伙人。总之,你和咖啡店是两个独立的个体,不要老混为一谈。"

"你说得对,那签个书面的合同吧。"

"对呀。而且租期 6 个月以上的,必须采用书面合同,否则万一发生纠纷，要是证明不了你们约定了租赁期限的话，就视为不定期租赁，到时候房东可以随时收房。你这个房子租得便宜，要是以后别人出价高，他不愿意租给你了也有可能啊，不签订个书面合同，你没保障的。"

"好的，那还有什么别的要注意的？"

"你让他把房产证拍给你，要确认一下那个商铺是不是他名下的。登记在他名下，他才有权放租的。"

"他说了是登记在他姐名下的。"

"那你这个合同要跟他姐签才行，他没有权利决定放租的。"

"这个一直是他在放租的，以前租给披萨店都是他去签的合同。他姐在美国工作，都不回来的。这个商铺一直是他在管理。"

"那你让他姐给他写个授权委托书，委托他放租、签合同。附上他姐的身份证，让他姐拿着授权委托书、身份证拍个照片发过来。现在好多政府部门异地办理手续都是这样操作的，这样稳妥一点。万一哪天他姐出现了，说没经她同意放租，要把房子收回去呢？或者那个商铺的产权人压根不是他姐呢？这都是风险。"

"那这好尴尬，显得多不信任人家。"

"你就说公司要求的，到时候怕尴尬让别的合伙人去办。"

"好吧。"

"你还要看看那个商铺有没有设立抵押权。要是有抵押的，他租给你还要经过抵押权人同意，要不然你的租赁无法对抗抵押权人。"

"什么对抗不对抗的？什么意思？"

"就是要看这个商铺之前有没有被抵押出去。要是已经抵押给别人了，那么要是他欠了抵押权人的钱，抵押权人就有权把他的商铺卖掉还债，到时候你可能会被清走。"

"不是说买卖不破租赁的吗？我记得你之前说租赁不是不受买卖影响的呀？"

"你要是租的房子没有抵押权，就买卖不破租赁。要是在你租房子之前已经有抵押权了，那要讲先来后到啊，抵押权就比你优先。将来抵押权人要卖房子就能把你清出去。或者他要是先把房子租给你，之后再设抵押权，那么就不影响租赁，你优先。要看先后。"

"好，怎么查有没有抵押权？"

"不动产登记中心可以查。如果那个商铺有抵押权，你就跟他设个违约条款，将来若因为抵押权人导致你们提前解除租赁，让他承担赔偿责任。你这只租一年的话，受影响的可能性不大。抵押权人要卖房子，从起诉到执行也没那么快，估计都要搞一年半载的。要是你租期久、装修花费大，那就有影响了。怕你搭进去那么多装修费，结果没租多久房子就被收去拍卖了，那你白装修了，都来不及回本。"

"能让他赔装修费吗？"

"你就在合同里约定呗，如果他提前解除合同，应当以未到期租期占总租期的比例，赔偿你投入的装修费用。"

"我装修需要经过他同意吗？"

"要啊，不过他是商铺，又知道你做餐饮的，他都知道你肯定是要装修的啦。不过你最好还是在合同中跟他约定一下，你可以对商铺进行自主装修。看他对你装修有没有要求，有要求就写合同里，他不写，就视为没有要求，你就可以随便装，但注意不要破坏他房屋主体结构。装修预计花费多少钱也写一下，万一他违约收房，你还可以主张装修费的赔偿。"

"好的，还有什么要注意的吗？"

"最好约定你有合同解除权，万一想换地段，或者有什么变化不想继续租了，你有权解除合同。但是一般情况下对方会让你支付一定的违约金，你们自己商量一下违约金定多少合适。他要是不愿意给你设解除权的话，也可以约定你有转租权，你不想继续租了就有权把商铺转出去，可以减少你的损失。"

"我转租要经过他同意的吧？"

"需不需要他同意，取决于你俩合同怎么约定。"

"好的。"

"还有，记得签合同的时候列好物品交割清单，拍好照片，把商铺里面现有的装饰装修情况都拍一下，确认哪些是以后退租的时候要还给他的，哪些是你可以自主决定拆除和丢掉的，哪些设备、家具给你的时候就是坏的，省得以后退租时他说你搞坏的，扣你押金或者叫你维修。"

"这些都还好，他商铺很空，只有些桌椅板凳他说不要了，让我自由处置。"

"嗯，可以。反正他不要的，不用写进合同；他需要你退房时交还的，你们确认一下写进合同就好。"

"好的。"

《民法典》：
第 707 条【租赁合同形式】；
第 715 条【承租人改善租赁物】；
第 716 条【转租】；
第 725 条【买卖不破租赁】。

24

"我想把房子卖给我表妹"

"亲爱的,我之前把我婚前那个房子租出去了,签了两年的合同,现在我表妹来深圳工作了,老是租房子也不是办法,我舅舅说想买我的那个房子。但是租客不同意呀。"

"你那个房子不是拿去抵押给银行了吗?你要卖,银行同意吗?"

"那个贷款还完了,抵押都解除了。现在就是有租客的问题。"

"买卖不破租赁,你卖房子不影响租客继续承租啊,他为什么不同意?"

"他不是怕我收房,我跟他说了房子可以继续租到期满。他现在是要买我的房子,说自己有优先购买权。我想着卖给我舅舅嘛,自己家人就少要点钱,卖 2000 万元,结果这个租客一听,说他出 2000 万元买,我说我对外卖肯定不是这个价了,这个是亲情价,结果租客不同意,说他有优先购买权。怎么办呀?"

"承租人是有优先购买权的。同等条件下应当把房子卖给租客。"

"可是我是因为卖给我舅,才这么便宜的。这套房子现在市场价应该有 2200 万元了。我卖给别人肯定要按市场价收啊,怎么可能跟我舅一样。"

"承租人的优先购买权不能对抗两种人:一种是房屋按份共有人,

比如这个房子要是咱俩一人占一半产权的,那你要卖,肯定我有权优先买;第二种是你的近亲属,包括配偶、子女、父母、兄弟姐妹、祖父母、外祖父母、孙子女、外孙子女。你舅不属于近亲属,所以你舅对抗不了承租人的优先购买权。"

"那怎么办?"

"优先购买权的前提是同等条件,不光指出价一样多,比如你舅可以一次性付款啊,可以一周之内付款啊,这都可以作条件。你让你舅提前准备好钱,到时候他准备好了,你这边再去跟租客讲。你只要在合理期限内通知到租客你要卖房子,他15天内没明确说要买的,就视为放弃优先购买权了。你等你舅准备好钱能一次性给了,你再告诉租客你这边确定要卖了,房价按市场价2200万元卖,你舅能20天内一次性付款。你给他15天时间决定要不要行使优先购买权。要是他也能20天内一次性付款,那你就卖给租客呗,反正2200万元也是市场价,你卖也不亏。要是他没办法20天内一次性付款,那他就不能行使优先购买权呀,视为他放弃,你就卖给你舅。多收他的200万元,你换种方式补偿给他就好了,比如通过赠与或者别的途径给你表妹200万元就好了。"

"还真要收我舅2200万元呀?"

"对呀!万一租客以后知道了你是以2000万元卖的房,那你就侵犯了人家的优先购买权啊,给他造成200万元的损失,他肯定要起诉叫你赔。"

"好吧。为啥法律要优先保护租客啊,我舅就算不是法律上的近亲属,也是我的亲戚呀!"

"像你家的这种有钱的租客毕竟是少数人嘛。大多数租房子的都是弱势群体,你不能老让人家搬家搬来搬去呀。所以法律规定了租客有几个特殊的权利:一个是买卖不破租赁,就是房东把房子卖了,新房东也必须把租房合同履行完;一个就是优先购买权;还有一个优先承租权,就是租期满了,租客享有在同等条件下优先承租的权利。保护租客住房稳定，才能让人民更有安全感嘛！"

"你说那个买卖不破租赁，是说从我把房子卖给我舅了，我舅也不能收房吗？"

"是的。你舅想要收回房子，得等租客的合同到期。你不是已经答应租客让他租到期了吗？"

"是啊，我还以为是我照顾他呢。原来法律就这么规定的。他之前要跟我舅争房子，我舅还很生气，说等拿到房子就把他赶出去，看来不行。"

"当然不行啦，你要跟你舅舅说一下租期还有多久，让他有个心理准备，租期届满之前不能收房的。"

"好的。"

《民法典》：

第 725 条【买卖不破租赁】；

第 726 条【承租人优先购买权】；

第 728 条【侵犯优先购买权赔偿义务】；

第 734 条【优先承租权】。

25

"我侄子把邻居小孩弄伤了"

"哎,这周末我哥带他儿子来家里看我爸,他儿子在小区跟邻居小孩在楼下玩,结果一楼大堂有个信箱,他儿子把那个信箱给撞下来了,刚好砸到邻居小孩身上,信箱是铁的,边缘很锋利,把人家小孩刮伤了。对方家长带小孩去医院处理伤口,我哥就带孩子走了。现在邻居回来找我赔钱。你说这是什么事啊!"

"有没有监控拍到啊,确定是你哥小孩撞的吗?"

"有拍到,我们下午已经看了监控,就是我哥小孩跟那个小孩两个人在大堂跑来跑去打打闹闹的,然后我哥小孩扑到那个金属的信箱上,结果信箱一下子被打掉下来了,直接砸到那个小孩身上,小孩穿的短袖,直接把胳膊划出血了。"

"两个小孩多大了啊?"

"我哥儿子 7 岁,那个小男孩 6 岁。"

"当时有大人在场吗?"

"没有。就两个孩子在玩。后来那个孩子受伤了哭起来,双方家长才过去。"

"那个信箱是怎么回事,安在什么位置?怎么那么容易就掉下来?"

"信箱是安装在墙上的,本来是有螺丝固定的,我们去看了那个螺丝肯定是松了的。"

"我给你分析一下:首先物业肯定有责任,金属信箱很锋利尖锐,是有一定的危险性的,安装在高处就有坠落的危险,螺丝松了物业没有及时修理,导致被撞落划伤业主,肯定是有过错的,过错大小也要看那个信箱的危险程度。要是很容易掉落,那物业责任就大一些;要是虽然松动但是也不至于很容易掉落,是孩子用力撞击导致掉落,物业责任就小一点。

其次两个孩子都是 8 岁以下的无民事行为能力人,双方家长都没有看住小孩,放任两个小孩自己跑来跑去打闹,双方家长都有过错;视频若是清晰可见是你哥小孩撞落信箱导致对方小孩受伤,那你哥作为监护人,要对你侄子的行为承担责任。这个事呢,跟你没关系,你也不是你侄子的监护人,所以你邻居找你赔那没道理。但是你有义务把你哥的电话和身份信息告知你邻居,让你邻居找他负责。先让他们沟通看看能不能调解呗,不行的话对方要起诉也是起诉你哥,不关你的事。"

"我看那小孩伤得挺重的,流了好多血,估计没那么好调解。要是诉到法院,会怎么判啊?"

"物业、你哥、对方监护人三方都有责任。不过除非信箱很容易脱落,否则物业肯定不会承担主要责任的。小孩受伤的主要原因还是双方打闹。到时候物业承担估计在 20% ~ 40% 之间吧。剩下的部分就你哥和对方监护人分担。分担比例要看一下监控,看两个小孩当时打闹导致一方受伤有没有明显的谁对谁错——要是两个人你推我搡、过错相当,那估计双方平摊;要是明显是你小孩过错大一些,那就可能让你哥多承担一两成的责任。"

"要赔什么钱啊?他们主张 20 万元精神损失费呢。"

"不是只有刮的皮外伤吗?"

"是呀,但是人家心疼小孩啊,那么小的孩子遭那么大的罪,我看着都难受，人家家长肯定心疼坏了。"

"哎，这个都能理解。不过法律上可不是这样的，在法律上主张赔偿都是要有依据的。赔偿费用包括医疗费、护理费、交通费、营养费、住院伙食补助费等为治疗和康复支出的合理费用。造成残疾的赔偿残疾赔偿金和辅助器具费；造成死亡的赔偿丧葬费和死亡赔偿金。你邻居小孩受的这种皮肉伤，构不成残疾；小孩也没住院，包扎完就回来了，所以只可能产生医疗费、交通费。连营养费和护理费都未必能产生，营养费和护理费都需要医嘱有明确写需要护理或需要加强营养才有的。不过这个小孩年纪小，伤口又大，以后还可能留疤，估计他们主张精神损害赔偿有可能会得到支持。但即使支持，金额也不会很高，可能也就一两万吧。"

"精神损害赔偿这么少的呀？我看他们要 20 万元，我还以为怎么也要赔个 10 万块钱。"

"是呀，现在我们国家的精神损害赔偿就是这个现状。各地赔偿标准也不统一，一些省份有自己的规定。广东省现在没有明确的规定，深圳经济发展水平较高，可能法官支持的精神损害赔偿金还相对于别的地区高一些。不过你这个案子，那个受伤的小孩监护人本身也有过错，所以估计不会支持很高的。"

"好的，那我就放心了。我跟我哥说一声。"

《民法典》：
第 942 条【物业义务】；
第 1179 条【人身损害赔偿范围】；
第 1183 条【精神损害赔偿】；
第 1188 条【监护人责任】。

26

"毛毛被金毛咬了,能不能找他们赔钱啊?"

"亲爱的,昨天遛狗的时候,毛毛被我们小区一个金毛咬了,对方还不认错,我能不能找他们赔钱?"

"怎么会咬到呀?他们没牵绳子吗?"

"是我们没牵绳子,毛毛看见金毛就跑过去玩,是那个金毛先下口咬的。"

"那你自己没牵绳子,你怪不得人家哦。"

"可是毛毛被咬伤了呀,他们家狗那么大,一点伤都没有。他们还说我们不牵绳子,也不道歉。"

"金毛戴嘴套了吗?"

"没有哦,带的话也不会咬伤了。"

"你自己的狗没牵绳子、没戴嘴套,是主要责任;他们家狗签了绳子,没戴嘴套,要是起诉的话,法官最多酌情判赔个 20% 吧。反正肯定赔不了多少钱。我觉得你要是就想出口气就算了,折腾啥呢?都是邻居,何况你自己不牵绳子,你也不占理。"

"哎,我就是生气嘛。他家那个狗那么大、那么凶,以前也咬过别人的狗,都不是第一次了,有前科的,养这种狗主人没责任吗?"

"金毛不是烈性犬,在深圳也没有把金毛列为禁止饲养的犬类。既然没有被禁止，人家就可以养。不过要是像你说的这个狗经常伤人、伤狗的话，你找物业看看能不能让物业帮忙提供一下之前咬人或者咬伤小狗的证据，或者在小区找找证人，可以主张要求对方多承担一点责任的。如果有证据证明对方饲养的狗危险性高，又不戴嘴套，是可以要求对方承担更多的责任的。"

"那我去问问物业有没有记录，在小区宠物群问问有没有证人。"

"深圳这边物业一般都会在业主公约里面规定遛狗必须把绳子牵好、嘴套戴好。你每次都不牵绳子，多大的隐患啊！这次是跟狗打架，下次万一咬到人，麻烦就大了。"

"哎，小区有些小孩子，我跟他们说了不要逗狗，他们也不听，抱着毛毛就揉，我都很担心的。你说这要是咬了小孩，医药费算谁的？"

"那肯定算你的！你狗绳不牵、嘴套不戴，光跟小孩子说不要逗，要是真的咬了人，你肯定要赔钱的。"

"那要是牵了绳子戴了嘴套，小孩非要逗狗被咬了呢？"

"戴了嘴套，怎么可能会咬到嘛！就是没戴才会有危险！"

"也是哦，那要是我给狗牵了绳子，小孩非要逗狗被咬了呢？"

"从法律上给你分析一下：要是小孩 8 岁以下，监护人又不在场，你跟他说别逗狗有危险啥的都没用，你作为一个成年人，你有义务立马把狗牵走，不给小孩接触。不过要是小孩家长也在场，或者小孩挺大了，超过 8 岁了，你说了别逗狗他还非要逗，结果被咬了，你可以主张小孩和监护人有重大过错，可以减轻你的责任，到时候估计分摊小孩的医药费，具体按什么比例分摊，就看能不能还原当时的情景，看双方过错程度了。"

"那狗和狗打架，就看牵绳子戴嘴套没有，不看谁家狗先下口的吗？"

"哎，这个东西很难说，第一，你证据不好取证，小区里又不是到处有监控，小狗玩耍你也不可能拿着手机在那录像等着打架。两个狗一言不合就打起来了，你很难证明谁先动口。第二，小狗在一起就是容易打架的，你们双方主人任由小狗玩耍，就要做好心理准备自担风险，你怕受伤你别让小狗玩啊。第三，这种案子很难给你一个明确的裁判指引，不同的法官理解和判法未必一致，毕竟法官有自由裁量权。况且每个案子的情况不同，双方举证程度也不同，很难去给你预测判决结果。总之，双方过错程度相当的情况下，比如都没牵绳子，或者都牵了绳子，两个狗玩耍打起来，一个把另一个咬伤了，受伤那个就去起诉呗，要是能证明是对方狗先下口，至少能要求一半的赔偿，但是不会全额赔偿，法官可能会在 50%～90% 这个范围给你酌个比例。"

"那就去起诉呗，输了就 50 块钱诉讼费，赢了有一半以上医药费呢。"

"可以啊，不嫌麻烦就去起诉呗。不过同一个小区，搞那么尴尬，以后遛狗抬头不见低头见，有没有必要自己衡量咯。"

"那话说回来，我到底能不能去起诉那个金毛主人赔钱啊？"

"你自己不牵狗绳，不戴嘴套，被人家咬了，我觉得最多支持你个 20%。你说那个金毛经常咬人咬狗的，也只是你一面之词，你有证据吗？大家都是邻居，你觉得你起诉他，物业或者其他业主会出庭给你作证吗？"

"哎，也是。"

"你给毛毛看病花了多少钱啊？"

"300 多元。"

"……你自己当长个教训就算了。赶紧买绳子嘴套吧，万一以后咬到小孩，有你要赔的！"

"那好吧。"

《民法典》：

第 1245～1247 条【宠物致损责任】；

第 1251 条【社会公德】。

27

"我老公喝了酒刮到了别人的车"

"亲,刚刚我和赵岩应酬回到小区,前面一个车堵在路上半天不走。我们想着已经进小区了,就让代驾走了,换赵岩停车。结果等半天前面那个车也不动,赵岩就急了滴那个司机喊他让开,那个司机把车挪开一点,结果赵岩过的时候不小心把那个车刮到了。那个司机就非要报交警,他就是明知赵岩喝酒了想讹人。怎么办啊,现在我们说私了,他不同意,说这个车不是他的,他没办法交差。"

"赵岩喝了多少啊?"

"半斤多吧,肯定够酒驾了,但是没喝醉,应该不算醉驾吧……"

"构不构成醉驾,不是你自己觉得喝没喝醉,要看血液里的酒精浓度的,达到 80 毫克/100 毫升以上就认定为醉驾,就是刑事犯罪。要是没到达 80 毫克,只要超过 20 毫克就构成酒驾。赵岩喝了半斤白酒,估计都达到醉驾标准了。你看看赶紧私了吧,不然把交警叫过来就麻烦了。"

"醉驾会怎么样啊?"

"醉驾构成危险驾驶罪啊!在哪里刮的车?是小区里面吗?道路上还是车库里?"

"就是进了小区,但还没到车库的路上。"

"在小区内部道路上开车，属不属刑法规定的'在道路上驾驶'，现在全国也没有统一的说法，但是多数地方，包括广东省基本都认为小区内部的路也属于公共道路。那这样的话，醉酒的人在小区内部开车，也符合危险驾驶罪的构成要件。但是赵岩这种先前有叫代驾、进了小区后仅驾驶停车、造成轻微剐蹭的，基本上可以认定为'情节显著轻微'，不构成犯罪。不过万一交警来了，要是真吹出个醉驾，拘留了也有可能。所以你赶紧态度好点给人家道个歉，赔点钱，不要惊动交警。"

"不构成犯罪为什么还要拘留啊？"

"构不构成犯罪，过来处理交通事故的交警他判断不了啊。只要你吹出个醉驾，你又是在道路上行驶，那就可能会构成危险驾驶罪。有犯罪嫌疑，就可能被拘留，再由公安进一步调查取证，确定要不要作为犯罪处理、需不需要追究刑事责任。这个交警决定不了的，但是又不能不处理，所以可能会拘留。如果真的要拘留，你就申请取保候审呗，只要你保证被传唤时及时到场，人家也不会非要拘留你。而且在深圳，很多时候做个笔录就让回去等通知了，看你们运气吧。"

"那对方现在不肯私了，怎么办啊？"

"他不肯私了要么就是想多要点钱，要么就是你们态度不好惹他生气了呗。要钱就破财免灾，生气就好好道歉。就算是不构成刑事犯罪，你酒驾都要被罚款一千到两千，还要扣你半年驾照；之后要是再酒驾，就要十天以下拘留加罚款加吊销驾照。赵岩喝这么多，估计构成醉驾，醉驾直接吊销驾照，5 年之内都不能再考。你自己衡量一下，5 年驾照你觉得值多少钱？"

"你说他这算不算敲诈勒索啊！"

"不算。你把别人车撞了，人家要报交警合理合法，敲诈你什么了？你自己不占理。虽然我们都知道他就是想讹你，但是现在你没证据啊，人家也没说管你要多少钱吧，人家就说要报交警。"

"哎，怎么这么倒霉！他分明就是讹人。"

"谁让你违法在先，被人抓住把柄了啊。不过你也别表现得就被他拿捏了，你一个女的好说话，你去说说好话，看看他管你要多少钱，不多的话就给了算了。你最好偷偷录个音，要是他真的上来就管你要十万八万的，那性质就变了，那你就说他敲诈勒索，到时候你拿录音报警。"

"我报警，警察管吗？"

"这个很难说。当年三氯氰胺奶粉事件的时候，有个受害者管奶粉公司索要 300 多万元，结果奶粉公司报警把那个受害者给抓了，一审、二审、再审都判了敲诈勒索，后面很久之后又再审改判无罪。所以你说他构不构成敲诈勒索，还真难说。不过他如果管你要很多钱的话，你就录下来，就说他敲诈勒索，到时候拿录音跟他谈嘛，咱们这个醉驾情节轻微，根据新规定，都不构成犯罪；可如果你把录音给警察，定他个敲诈勒索，那可就是实实在在的犯罪了。你吓唬吓唬他，要是他愿意拿个一两万私了就给吧，毕竟赵岩吊销个驾照，5 年内不能考，值不值两万元你自己想。"

"好。我去谈谈，看他怎么说吧。"

1.《刑法》：
第 133 条【危险驾驶罪】；
第 274 条【敲诈勒索罪】。
2.《道路交通安全法》：第 91 条【酒驾、醉驾行政处罚】。
3.《车辆驾驶人员血液、呼气酒精含量阈值与检验》：【酒驾、醉驾认定标准】。
4.《关于办理醉酒驾驶机动车刑事案件适用法律若干问题的意见》：【量刑标准】。
5.《关于常见犯罪的量刑指导意见》：
【情节显著轻微危害不大，不予定罪处罚；情节轻微不需判处刑罚，可免予刑事处罚】。

28

"我好像遭遇了'杀猪盘'……"

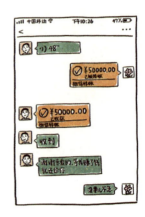

"小菲姐姐,我是珊珊的表妹。不好意思又打扰你,这次我遇到大麻烦了,我怀疑自己被骗了,你能帮帮我吗?"

"好的,你遇到什么事情啦?"

"我一年前交了个男朋友,是在网上认识的,异地恋,我一直在深圳,他在杭州。谈了一年多,见了3次面,每次都是他过来深圳找我,我说去杭州找他,他几次都找借口拒绝了。我俩谈恋爱期间,他经常找我借钱,平时几百一千的我也没具体统计也没打算让他还。但是有三笔10万元的,他说要开店,说等盈利了就还给我,但是现在我发信息他都不怎么回我了,然后我说去他店里看看他也一直拒绝,我觉得我可能是被骗了。"

"你钱是怎么转给他的?"

"都是微信、支付宝这样转过去。"

"他身份证号你有没有?有没有转过银行卡?能确认他身份信息吗?"

"我给他买过机票,有他的身份证号。之前我给他转账都是微信和支付宝转,没有用过银行卡。"

"那他管你借钱,有没有给你打过借条?"

"没有,我们这样的关系,也不好意思让他打借条给我。"

"那他借钱的时候是怎么跟你说的?是打电话还是发微信?有没有聊天记录?"

"打电话说的,但是打完电话在微信上我们也讨论过,记录都还保留着的。"

"他承诺过会还给你是吗?"

"是的,我每次转完钱给他,他都会跟我确认收到,说赚了钱就还给我。后面就一直说不赚钱,要继续加大投入,做广告什么的又管我借。我说去帮他看一下,他又找借口拒绝。我就觉得有问题。后面我说我要买房子需要用钱,让他先还我一部分,他就一直说店在亏钱,现在拿不出来,说等等赚钱了就还给我。"

"那你可能真是遇到'杀猪盘'了,你先别惊动他,继续保持联系。然后尽快去起诉他,申请把他微信和支付宝冻住,看看能不能冻到钱。"

"什么意思啊,我没听懂?"

"就是你现在有他的姓名和身份证号,就可以起诉他还钱。然后起诉的同时申请法院把他的微信和支付宝钱包冻结,如果他微信或者支付宝里面有钱,冻结之后就只能转进、不能转出了。你知不知道他名下有没有房子或车?"

"之前拍照给我说买了辆路虎车,现在想想估计是假的。"

"有车牌号码吗?"

"有的,我能找到照片。"

"那就一起申请保全,有车牌号就可以申请法院查封。如果真的是他的车,查封到的话你这30万元就有可能拿得回来。不过不要抱太大希望，我怀疑可能不是他的车。试试看吧。"

"好的。那我还需要准备什么呢？"

"你之前给他转账几百一千的，是借他的吗？你俩怎么约定的？"

"就是他会直接跟我说没钱了，转点钱给他救急，也没说借。偶尔还会转回给我一些，也没说还，一般就备注'给宝宝买口红'什么的。"

"那这样，你把你俩全部转账记录都整理出来，全部要求他返还，不单单是30万元，所有的你转给他的，都统计出来。他转给你的你也统计出来。到时候你就主张所有的都是借款，反正你从来也没说过是赠与给他吧？也没说过不用他还吧？"

"那倒是没说过，毕竟怕伤他自尊。"

"那就是咯，你转给他的，都是他管你借去'救急'的，那就是'借款'。他转给你的，如果备注了给你买这买那，那就是'赠与'了。你就主张凡是他备注了用途的，都是对你的赠与；没备注的，可以认定为还款，可以抵扣。统计出一个表，算个总数要求他返还。到时候哪些是赠与、哪些是还款，让法官去认定吧。"

"好的，那我需要准备哪些证据呢？"

"聊天记录、转账记录。"

"那我先去准备一下材料。"

"对了，现在'杀猪盘'很多都不是用自己真实身份注册微信，你在微信上给他转过账，你随便找一条转账记录，申请'电子转账凭证'，你看一下生成的电子转账凭证上面显示的收款方的名字是不是他的名字，跟你给他买机票的名字对不对应得上。需要对应的上，才能证明是同一个人。"

"这个我试过，是对应得上的。"

"那就好。我们之前有一个类似的案子,就是微信实名验证信息调出来跟被告的姓名、身份证号对不上,结果就没办法证明微信是被告的,钱就要不回来了。"

"那不明显是诈骗吗?!就不能报警吗?"

"基本上这种很难认定为诈骗的。公安会以双方是民间借贷纠纷为由不予立案,让双方通过诉讼途径解决。司法实践中也基本都是通过诉讼,立民间借贷案件主张返还来解决的。"

"哎!这些人太可恨了!"

"是呀,吃一堑,长一智。以后不要'恋爱脑',网恋借钱的,一定要多留个心眼,警惕'杀猪盘'。"

---

1. 《民法典》:

第 657 条【赠与】;

第 667 条【借款】;

第 675 条【借款返还期限】。

2. 《民事诉讼法》:第 103 条【保全】。

29

"我小叔子
管我借钱"

"亲爱的,我小叔子说要投资一个医美机构,想向我借200万元,按月息3分给利息。"

"他怎么不管赵岩借啊?"

"赵岩没有闲钱。不过我觉得,要是他能给到月息3分,还是不错的,现在的理财年化率能达到10%都很少了。"

"你谨慎一点,现在经济大环境低迷,别光看他许诺的利息高,小心到时候本金你都拿不回来。"

"不至于,我小叔子这个人还是很有头脑的。他要投资的那个医美我也有了解过,确实做得不错。我觉得他许诺的这个回报率应该能实现,大家都知道医美有多暴利啦,女人的钱好挣。"

"那你自己决定借不借,借的话要做好风险防范。"

"我就是打算借呀,所以问问你需要注意哪些问题。"

"借款合同约定清楚,让他提供担保,转账备注好借款,保留好转账流水就好。"

"借款合同都要写什么内容呀,我就知道本金200万元,借款期限1年,利息月结,每月3分息,本金到期一次性还清。"

"月息 3 分超过法律规定了。不过他要是自愿给,你也可以收。但是以后要是产生纠纷了,他不认了,法律保护不了这么高得利息,法律有个保护上限,就是 4 倍 LPR。现在是 2022 年 11 月份,银行一年期 LPR 是 3.65%,4 倍的话就是 14.6%。你月息 3 分,年利率就是 36%,超了一倍多了。"

"那我这算犯法的高利贷吗?"

"他自愿给,你收没问题啊。只是以后万一他不愿意了,产生纠纷诉到法院,那他给过的超了 4 倍 LPR 的利息部分就要抵扣本金。"

"他应该不会反口吧,他都说了让我直接转 194 万,把第一个月利息 6 万直接扣了就好。"

"'砍头息'也是法律不允许的,要是以后发生纠纷,他说你收了'砍头息',到时候借款本金就不按 200 万元算,而是按 194 万元算。"

"那收'砍头息'犯法吗?"

"不犯法,只是计算利息的时候要按实际出借的金额计算本金。这和 3 分息一样,只要他自愿给,法律不干涉。万一以后他不愿意给了,闹到法院,法院核账的时候会给你调整而已。"

"你说让他提供担保,是要单独签一个担保合同吗?还是写在借款合同里就可以呀?"

"都行。只要把担保的意思写清楚、把担保财产信息写清楚就好了。最好让他提供房产设立个抵押,房产抵押是最稳妥的的担保。他名下有房吗?"

"他买了期房,不过说房产证快下来了,期房可以设立抵押吗?"

"目前不动产登记中心是不可以在期房上给个人登记抵押的,只有银行可以。"

"那他还有辆保时捷卡宴,他说可以抵押给我。"

"车也行,就是车辆贬值较快,价值不大,先抵押着也行,等他房产证下来,赶紧拿房子抵押给你比较好。"

"嗯。那车抵押给我,用不用让他把车拿给我啊?"

"抵押不需要啊,登记就好了。你说那种要交给你的是质押,车倒是也可以设立质押,但是不建议,一来他还要用车,二来车子停着也容易坏,不要造成资源浪费嘛。"

"那就抵押就行,我也不用他的车。"

"车子抵押虽然不强制要求登记,但是你别嫌麻烦,去车管所做个抵押登记,以防他以后把车偷偷卖了。"

"车登记了抵押就不能买卖了吗?"

"那倒不是,也可以卖,就是抵押权跟着车走。比如他偷偷把车卖给张三并且过户了,以后他还不上你的钱,你还是有权要求拍卖这个车还钱。但是如果你没登记,那么车一旦被过户给张三了,你就不能要求卖这个车了,因为车已经是张三的,不是你小叔子的了。"

"那质押是什么啊?可以质押什么东西?"

"质押和抵押一样,都是用财产来担保以后债权能够实现的。质押物一般是比较贵重的动产,什么金条啊、钻石啊、名表啊这些。债务人把质押物押给债权人,如果到期不还钱,债权人就可以把质押物折价、拍卖、变卖,然后就变价款优先受偿。如果你算下来他的期房、车价值都不够覆盖你的债权,你就看看他有没有值钱的动产可以质押给你作补充。"

"是不是还可以设立保证人给他作保?"

"可以,他要是能找到有身价的保证人当然好啦,到时候记得明确一下保证人承担连带担保责任。"

"保证人不都是连带责任的吗？他不还钱，我就可以找保证人还钱呀。"

"保证人分两种：一种是一般保证，一种是连带保证。如果是连带保证，就是你说的，他只要不还钱，你就可以找保证人要钱。如果是一般保证，就复杂一点，多一个程序——你必须先起诉或者仲裁债务人，并且申请执行，执行不到财产的情况下，你才可以找一般保证人承担责任。那肯定是连带保证更方便啊，你想找谁要钱都行。"

"那我让他老婆做连带保证人，他老婆是个富二代。"

"可以啊。那你这担保就很丰富了，物保人保都有了，没什么后顾之忧了。"

"是的，那我就放心把钱借给他吧。我忽然想起来我和赵岩结婚的时候还收了150万元的礼金，刚好还没来得及存进去银行，我直接借给他，省得我去存银行了。"

"千万不要！借款的支付一定要有证据，最好的证据就是转账记录，比如你的银行转账、支付宝转账、微信转账流水。过了多久都能调出来。你这么大一笔钱给现金，以后很难提供证据证明的。你就用转账的形式，从你的账户支付到他个人名下的账户里面去，备注也清楚写好是你向他支付的借款。以后他每个月还款也最好留痕迹，让他备注好是支付利息，这都是很重要的证据。"

"哦，幸好你提醒，要不然我就嫌麻烦直接给现金了。对了，那他要是没按时给利息或到期没还钱，我可不可以主张违约金啊？"

"本来是可以的，但是既然你们已经约定了月息3分，那么就算你约定违约金法院也不会支持了。法律规定借款的利息、逾期利息率、违约金或其他费用总计不得超过 4 倍 LPR，你单单利息一项就超了，法院都会给你下调的，别的就别想了。"

"好吧，我知道了。"

1.《民法典》：

第 667 条【借款合同】；

第 670 条【不得预扣利息】；

第 686 条【保证方式】；

第 687 条【一般保证先诉抗辩权】；

第 688 条【连带保证】；

第 394 条【抵押权】；

第 402～404 条【抵押登记】；

第 425 条【质押】。

2.《最高人民法院关于审理民间借贷案件适用法律若干问题的规定》：

第 25、29 条【利率保护上线】。

30

"我的投资收不回来了"

"亲,阿珍那个美容院运营得怎么样,你知不知道?"

"不太清楚哦,看着她朋友圈里面风生水起的,怎么了?"

"她开店之前找我拿了 80 万元,说让我投资,每个月固定给我 1 万元收益,满一年 80 万元回本给我。现在满一年了她说她经营状况不好,回不了本。我让她想办法退给我,结果她说要不然就多放一年还是按原来的标准给收益,要不然她只能退 40 万元,剩下的就算投资失败,她也没办法。"

"你们签了合同没?"

"没签合同,她写了一个承诺书,但是写得比较简单。就写收到我投资款 80 万元,投资期限一年,自 2022 年 1 月 1 日起至 2022 年 12 月 31 日止,每月返收益 1 万元整,投资期满一次性返本 80 万元。"

"那能要回来的。"

"可我让她退,她说承诺书里面都写清楚了这个是我的投资,投资都是有风险的,投资成功就挣钱、失败就赔钱,现在他们店效益不好,每个投资人都损失了 60% 左右,还说照顾我,可以退一半给我,让我少损失一点。"

"投资当然有风险,可是你俩这个根本就不是投资关系,是借贷关系。投资是不保本的,而她写给你的承诺书表达的意思是保本的,每个月名义上是分收益，而实质就是在给利息，期满返还本金。她若是不还钱，你就以民间借贷为案由起诉要求返还，就可以了。"

"哎呀，我忽然发现，这个承诺书上没有她签字哦，盖的是他们美容院的章。那我能找阿珍还钱吗？还是要找美容院啊？"

"要看那个美容院是什么性质了。有的美容院是公司，有的是合伙，有的是独资，还有的是个体工商户。现在手机上都有很多App可以查企业信息的，什么天眼查、企查查，都是免费的，你下载一个，输入美容院全称就能看到他的企业性质。如果是有限责任公司，那就只能找公司要钱；如果是合伙、个人独资企业或者个体工商户，那就可以找阿珍要钱。"

"那我看下……查到了，App上写的是'有限合伙'。我想起来了！她自己也跟我说过她是合伙人！"

"有限合伙有点特殊。如果是普通合伙企业，那所有合伙人都对企业债务负责；可是有限合伙的话，就有两种合伙人——普通合伙人和有限合伙人。普通合伙人要对企业债务负责，但有限合伙人不需要，有限合伙人的责任有点像有限公司股东，只在他承诺的出资范围内对企业债务承担责任。如果有限合伙人已经完成出资了，那么就不再对企业债务承担责任了。"

"那有限合伙人出资范围是多少啊？"

"这个要看他们当初签署的《合伙协议》，看协议约定的出资是多少。还要看有限合伙人有没有完成实际出资——如果已经完成了，那就免责了。"

"那阿珍是不是有限合伙人呀？"

"要《合伙协议》怎么约定的咯！不过阿珍既然一直在经营那个店，我估计她不是有限合伙人，因为《合伙企业法》规定有限合伙人是不参与经营的，由普通合伙人负责经营。但是到底是不是，还是要以《合伙协议》约定的为准。她如果是普通合伙人，就要对美容院的债务负责。你到时候起诉，把美容院和合伙人都列为被告就好了，你不用管谁是有限谁是普通，就一起告，让合伙人自己去证明自己没责任。"

"我到哪里找他们的《合伙协议》啊？"

"市场监督管理局应该都有登记备案的。你可以先让阿珍发给你，她要是不肯发，你就直接起诉，把美容院和阿珍列为被告，立案之后就可以向法院申请《调查令》，拿着《调查令》就可以去市场监督管理局调取他们登记备案的《合伙协议》，然后根据《合伙协议》确定还有哪些合伙人，把其他合伙人全追加为被告，请求如果美容院不还钱，其他合伙人全部承担连带责任！"

"有限合伙人不是说承担有限责任吗？也能一起告吗？我怎么知道他有没有实际出资呀？"

"不用你去证明他没有实际出资，法院会让他证明自己已经实际出资。如果他证明不了，那就推定他没有出资，就要在出资范围内承担责任。"

"那我之前把80万元转给阿珍个人账户了，没转到美容院的公账户。每个月也是阿珍把1万块钱通过微信转给我。这没关系吧？"

"没关系，你有美容院盖章的承诺书，阿珍是合伙人，同时又是店长，她指示你把钱转给她，她代美容院收款，能作出合理解释。你都有保留聊天记录的吧？"

"都有的，从一开始她让我投资她的美容院，到现在她不肯退钱，记录都保留着。"

"你这个证据意识很强啊！不错！"

"那当然，都是你教得好。那我整理一下材料，晚点准备起诉书。"

《合伙企业法》：
第2条【普通合伙与有限合伙责任形式】；
第65条【有限合伙人出资义务】；
第68条【有限合伙人不执行合伙事务】。

31

"我胜诉了,
之后呢?"

"亲,阿珍那个案子判决下来了,上面写着:一、美容院应当在本判决生效之日起十日内向我径付 80 万元,并自 2023 年 1 月 1 日起按照一年期 LPR 标准支付利息至实际清偿之日止;二、阿珍对上述债务承担连带清偿责任。那下一步我该怎么做呀?美容院和阿珍都没联系我啊!"

"什么时候收到的呀?"

"刚刚收到。"

"那还早,不着急。要先等判决生效。一审判决下来,被告收到了判决书,除非是小额案件,否则都可以上诉的。上诉期 15 天,15 天内只要他们那些被告中有任何一个上诉了,那一审判决都不能生效,案子就要经过二审。"

"还要再打一次官司?"

"二审不一定开庭,像你这种案子事实简单,证据充分,如果双方又都不提交新证据、新理由,法官就书面审,不用开庭了。"

"那二审多久能出结果呀?"

"不一定,看中院办案效率了。全深圳的一审案件全都上诉到中院,案件量很大的,可能没那么快。"

"那二审出了结果之后呢？"

"二审就是终审判决了，出了之后送达原、被告双方就生效了。如果二审维持了一审判决，那就按照一审判的内容来。判决书里面有个自动履行期嘛，十天，这十天是给败诉方自动履行判决的时间。美容院和阿珍要是十天内没给你钱，你就立一个执行案件，申请法院强制执行。"

"还要再立个案子？法院不会自动帮我执行吗？"

"不会，因为法院也不知道哪些案件当事人自己履行了、哪些案子没履行啊。她要是没给你钱，你就去申请立执行案件，法院会给你分一个执行法官，来负责你的案件。"

"他怎么负责？"

"帮你用法院的系统去查询被告名下有没有财产呀，法院有个鹰眼系统，可以查询被执行人名下的银行账户、房产、车辆、公司股权信息、公积金，法院查询到财产后，就可以进行相应的处置，比如银行卡有钱，就直接扣划给你；要是银行卡没钱但是有房子、车，那就查封房子、车，她不给钱就拍卖；公积金有钱也可以去扣划公积金的钱。"

"会不会什么都没有啊？"

"会啊，有的人就是外债很多，为了躲避执行，名下什么财产都不放。对这种就只能申请'限制高消费'，不让被执行人买房、坐飞机、坐高铁、办理信用卡、住星级酒店、夜总会、打高尔夫、旅游度假、子女就读贵族学校、租高档写字楼什么的。"

"那有什么用啊，我还是拿不到钱。"

"是啊，但是人家就是没有钱，法院能有什么办法呀？如果你能提供财产线索给法院，法院有义务按照你提供的线索去核实、查找财产。比如一些保险，法院的系统是查询不到的，如果你能提供比较具体的信息，那法院就可以去保险公司查。但是你不能毫无依据就乱提供，你没有比较充分的证据和线索，法院是不会去给你查的。"

"法院都查不到，那我怎么查得到嘛……还有别的办法吗？"

"你要是找得到人，还能拘留。法院收到执行案件就会直接给被执行人登记'限制高消费'，要是你发现她不还钱还在外面高消费，你就取证证明她违反限制高消费，然后就可以拘留她。不过前提是你得找得到她人，法院才会给你拘留。"

"我怎么证明她违反高消费呀？"

"她朋友圈不是总炫富嘛，你截图。"

"她都把我拉黑了。那你帮我留意一下，她要是发朋友圈你就帮我截图。"

"好的。还有，法院会给她发《财产报告令》，她如果收到了之后没有向法院报告财产状况，也符合拘留的条件。法院可以以她'不报告财产'为由拘留她。前提一样是你要找得到她人。她的美容院现在还在营业，她如果在店里，你就可以直接带着执行法官去店里拘人。她不还钱，又没报告财产，又在外面高消费，这些就足够拘留她 15 天的了。很多女孩子，一听说要拘留，就开始凑钱还了，或者签个和解协议，法官就不拘留了。要是签完又不给，那就再拘。不过一般情况下一个案子只给拘一次，15 天。一般不会拘第二次，虽然从法律上讲，如果有多次违反限制高消费的行为，每违反一次，就可以拘一次的。但是实践中一般不会拘留第二次。要是她违反得很猖狂，证据充分就直接移送公安追究拒不履行生效判决罪，追究刑事责任了。"

"好，她那细皮嫩肉的，哪里肯进拘留所。真的要拘留，估计就让她家里拿钱了。现在就是没逼到份上，她就觉得我拿她没办法。"

"是的。不过要是名下有财产，法院就直接处理财产，一般不会拘留的，拘留是最后的途径。先看财产查询结果吧，有钱的话直接处分财产就好了，没必要非把人家拘留进去。"

"那倒是,我也只是想要个钱,拘留她对我又没什么好处。那我现在能做什么呢?"

"你就搜集她财产信息为执行做准备,她如果上诉了,那你发现财产后就向中院申请财产保全,别让她把财产转移了。等判决生效后,你就去立执行案件。要是查询没财产,就申请'限制高消费'、想办法拘留她。"

"好的。"

1.《民事诉讼法》:
第 171 条【上诉】;
第 182 条【二审终审】;
第 165 条【小额案件一审终审】;
第 243 条【申请执行】;
第 248 条【被执行人报告财产义务】;
《最高人民法院关于限制被执行人高消费及有关消费的若干规定》【限制消费相关内容】。

2.《刑法》:第 313 条【拒不执行判决、裁定罪】。

32

"我侄子在学校被同学打了"

"我那个不省心的侄子,昨天在学校被几个男孩子打了。"

"怎么回事呀?才小学一年级就打架呀?"

"是啊,现在的小孩,6岁就开始拉帮结伙。我侄子他们班上午10点都是有课间餐的,一般就是每个小孩发个水果。就因为他跟他们班上一个男孩抢那个水果,撞一起了,然后那个男孩就有几个小跟班,四个孩子合伙把我侄子打了一顿。"

"严重吗?"

"伤倒是不重,但是我侄子气得不行。确实是啊,男孩子都很好面子的,当着全班的面挨打,有点丢人。"

"老师怎么不管?"

"老师不在,发课间餐的那个课间休息时间会久一点,休息20分钟左右给孩子们吃东西。老师就回办公室去了。后来打起来了,同学跑去找老师,老师赶过来才拉开的,检查了一下没啥大事,就是身上瘀青了几块,有几处破皮了。老师看没啥事也没通知家长。是我侄子放学回家自己说的。然后我嫂子就很生气,今天去找班主任,班主任估计也没处理好,她就气炸了,要告学校,让我问问你学校有没有责任。"

"肯定有责任啊，小学一年级的小孩，课间活动，老师肯定有义务在班级监督秩序的。每个学校都会有自己的课间管理制度，可以找他们教导主任要一份他们的管理制度，看看学校怎么规定的。就算他们学校没规定，8岁以下的小孩都是无民事行为能力人，一群小孩课间自由活动，20分钟又要分发水果，很容易引起骚乱，没有老师在场，这本来就是个很大的过失。结果抢水果四个打一个，打了半天老师才过来，还没及时送医或者通知家长，万一有内伤怎么办？！这老师太不负责任，学校肯定有责任的。"

"是啊，我们能主张赔偿吗？"

"你侄子有没有去医院检查一下？万一内伤，从表面是看不出来的。"

"今天上午去检查了，医生说没事，就是皮外伤，开了点碘伏说破皮的地方擦擦消消毒就可以了，问题不大。就是小孩子心里不好接受，不愿意去上学，感觉受到了较大的伤害，怕留下心理阴影。"

"检查、开药的钱都可以主张赔偿。医药费估计也不多，主要是这个事情对孩子心理伤害有点大。但是咱们国家现在的司法现状，除非造成人身伤害，或者有证据证明造成了严重的精神伤害，否则一般情况下不会支持精神损失费。你侄子遇到的这种同学间的小摩擦，没有导致严重后果，基本上不会支持精神损害赔偿，但是可以主张要求学校和那打人孩子对你侄子赔礼道歉。其实对小孩子来说，这种赔礼道歉也是有意义的，解铃还须系铃人，道歉之后他在同学面前就挽回了面子，家长再好好引导一下，就能缓解孩子的情绪了。我觉得你可以让你嫂子先不要着急告学校，毕竟你侄子以后还要在那个学校上学，可能还在原来的班级，闹得那么僵，出气的是家长，但最终难受的是孩子。先去找学校谈谈要求学校引起重视，这老师绝对是失职的，要让学校意识到问题的严重性，告诉他们从法律上来说，如果这次把你侄子打伤了，那么学校要承担侵权责任的。表明你嫂子深明大义才不跟学校计较，但是要求这个事件必须严肃处理，起码要在班级开个班会，要求老师检讨、四个打人的孩子道歉，给孩子消除心理阴影。我觉得学校会配合的。"

"嗯，我也是说，万一闹了一顿还在原来的班级，就怕班主任以后给我侄子穿小鞋就惨了。反正也没啥大伤，检查费、医药费一共才二百块钱，真没必要告到法院去闹。你说万一我侄子真的受伤严重，是应该那四个孩子赔偿，还是学校赔偿？"

"学校估计会被判承担主要责任，可能占到 50%～80%，剩余部分由四个打人孩子的家长分担。不过要是你侄子也有过错，或者你侄子在打斗中也把其他孩子打伤了，到时候根据过错程度可能你嫂子也要自担一部分损失。未满 8 岁的小孩无民事行为能力，在学校受伤的，学校要承担侵权责任，除非学校证明已经充分尽到了教育、管理职责。这个老师明显失职，所以学校肯定承担责任的。那四个打人的小孩，法院出于公平，应该也会让他们的监护人分担一小部分责任，毕竟没教育好自己家孩子。"

"那满 8 岁的有什么不一样吗？"

"满 8 岁就是限制民事行为能力人，那对学校的要求就没有那么严格了。要是满 8 岁小孩在学校受伤，要家长证明学校没有尽到教育、管理责任，才能要求学校承担责任。"

"那不是一回事吗？学校都是在没有尽到教育、管理责任的情况下才承担责任呀！"

"不一样的！8 岁以下的，推定学校没尽到责任，除非学校自己证明自己已经充分尽到责任。满 8 岁的，要家长证明学校没尽到责任。这是个举证责任的问题。你以为那么好证明啊，学校想证明自己尽到了责任、家长想证明学校失职未尽到责任，都是不容易的，证明不了就要败诉。"

"像我侄子这种，课间老师不在，不就是没尽到责任吗？也不是很难证明啊？全班同学都看到了老师不在。"

"那是因为你侄子小,未满8岁,所以班主任课间不在就推定他没尽到责任。要是小孩已经上五年级了,都10多岁了,班主任课间不在也很正常啊,你总不可能因为老师不在,就说学校没尽到责任吧?平时校规、班规都有规定不准打闹,老师平时也都管得挺好,学生打起来后老师也及时出面制止了,该送医院就送医院,该通知家长就通知家长,你说你怎么证明学校没尽到教育管理义务啊?你证明不了,那学校就不承担责任。"

"学校不承担,那怎么办?"

"那就找打人孩子的家长啊,要是自己家孩子也有过错,那就按过错比例和对方孩子家长分担医药费呗。"

"好的,我知道了,我跟嫂子说一声,让她先去找学校谈谈吧。"

《民法典》:
第1199条【无民事行为能力人在校受伤】;
第1200条【限制民事行为能力人在校受伤】;
第1201条【第三人侵权时学校责任】。

33

"我出租那个房子
有人高空抛物……"

"亲爱的,我今天接到我出租的那套房子物业的电话,说我们那栋楼、我们那个户型,有人高空抛物把人砸伤了,让我们这个户型的赔钱。我打电话问我租客,我租客说他不知道这个事,他这几天不在家,去上海出差了。估计物业就是敲门看他不在家所以打电话到我这里来了。这关我什么事啊!我要赔钱吗?"

"肯定不关你的事啊。关不关你租客的事,不好说。那个伤者已经起诉你们全部业主了吗?"

"物业电话里面说让我们先去协商赔钱,但是说如果协商不成就要上法庭。"

"这样跟你说哈,高空抛物的要是砸了人,谁扔的、谁赔钱。但是现实中,经常是找不到谁扔的,所以要是查不出来谁扔的,那就物业承担一部分,剩下的部分由有高空抛物可能的整栋楼的住户分担责任。但是如果住户能证明自己不可能扔,就不用承担责任。你房子都出租出去了,你凭借出租合同肯定能证明你不可能扔,你不用赔。你租客要不要承担责任,就要看他能不能证明自己不可能扔。他说自己在上海出差,就提供出差凭证,家里若是除了他再没别人住的话,那就可以免责了呀。"

"那我要去处理吗?还是租客去处理?"

"你房子出租有没有跟物业那边登记或者报备过?"

"有的，给租客办理过门禁卡，提供了一份租赁合同给物业的。"

"那你就跟物业说，你虽然是业主，但是房子已经出租，在租期内出现这个问题，与你无关，你让他们找租客协商赔偿问题。然后你跟你的租客说一声，让他积极配合。如果他不配合，到时候被起诉了不去应诉处理的话，法院可能会要求他分担赔偿的。"

"好的。我去提醒他搜集一下证据，证明事发时没人在家。你说这个不应该是物业的责任吗？没有摄像头，找不到侵权人，害得全楼都要承担责任。"

"物业要承担一部分责任的。《民法典》规定物业公司有义务采取必要安全措施防范高空高抛物。一般小区都会做宣传，在小区立牌子，在公告栏、业主群、管家微信朋友圈宣传禁止高空抛物，在二楼拉防坠网或者雨棚作隔挡，在楼外侧装监控检测高空抛物。基本上物业做到这些就算是尽到义务了，要是物业没有这些动作，伤者可以以物业没尽到安全保障义务为由主张物业承担一部分责任，到时候看法官怎么判，一般不会判太高，可能20%左右吧。剩下的还是要由可能扔东西的业主来承担。"

"可能扔东西的业主是什么范围啊？"

"一般2楼以上窗户面向这一侧的都算。"

"哎，真是倒霉哦。"

"高空抛物太危险了，你要提醒家人，尤其是小孩子、老人家，平时在小区散步玩耍，注意尽量在开阔的地方，不要在正楼下玩，避免被砸伤。"

"是啊，我还要跟物业说一说，怎么不装好监控呢？害得大家一起背锅。"

"估计这次赔了钱，物业就肯定要装监控了。"

《民法典》：第1254条【高空抛物】。

34

"我楼下健身房倒闭了"

"亲,我家楼下健身房因为疫情倒闭了。我之前办的 3 年卡,才用了几次,还有 3 万多元的余额。他们现在不给我退,说让我去别的分店用。好生气哦。"

"我早就跟你说过啦,这种长期、大额的预付费的卡少办一点,这几年疫情,企业都不景气,分分钟倒闭。"

"那怎么办嘛,他不给我退,让我去别的店,别的店离我好远的,我才懒得跑那么远去健个身。"

"那你就起诉他退款,他有义务给你退的。因为这个是他们的原因导致合同无法继续履行,你可以主张解除合同。"

"他们说是疫情原因导致公司倒闭,不是他们的过错,所以不退款,只能办理转店。"

"疫情又不是万能的免死金牌。疫情原因导致倒闭,最多不追究他们违约赔偿责任,但是未履行合同部分按比例退款是必须的。他要是不给你退,你直接起诉就好了。合同、付款凭证、消费记录、跟业务员或者教练的沟通记录都有吧?"

"合同早就找不到了。有和教练的聊天记录。当时好像是转账给教练个人微信,这种公司会不会不认账啊?"

"哎，跟你说了多少次了，这些消费的合同不要着急丢，你家那么大，找个角落统一收一下就不行？"

"我知道了，以后会收好的！"

"你确认一下，转账是转到公司还是个人？转账的时候你们俩怎么说的？"

"我看一下……嗯，是转给他个人的。他就给我报了个价，说3年卡38888元，可以帮我申请到4年之内用完，全场所有项目通用。我回复OK，转到哪里？他说转到公司账户，给了我一个对公账号，我说账号有误转不进去，他说那就转给他，他帮我交。然后说交完了，让我明天去取合同。"

"后来合同取了是吧？是在健身房给你的合同吧？盖没盖公章还有没有印象？"

"我交完钱第二天就去上课了，拿了合同。应该有盖章的吧，我没印象了。不过合同在他们健身房也有一份的，我记得两份是一样的，我签了两遍字的。"

"那你每次去健身，消费记录是书面签到，还是App小程序签到？"

"有微信小程序的打卡记录。"

"现在试试那个小程序还能打开不？"

"……嗯，可以的，还能看到我的打卡记录。"

"你点开看看那个小程序的主页，有没有他们健身房的公司信息？"

"啊，有的！有公司名称。"

"你点开会员资料那里，看看有没有写你的余额？看看有没有电子合同？"

"没有电子合同，但是能看到余额35880。"

"后面健身房倒闭了，他们是通过什么途径告诉你的？"

"他们在公众号发布了通知，说我家楼下这个分店由于疫情原因关闭了，公司承诺安排会员转到附近的分店去上课，要求我们去店里办理转店登记。这个通知现在还能查看到。"

"那就可以了。这些证据足够了。把小程序里面他们公司信息、你的会员信息、余额、消费记录截图、录屏，把他们公众号发布的通知也截图、录屏。还有你和教练从开卡到约课到沟通退款的全部聊天记录也要保留好，你再起诉他们公司退款就可以了。"

"对了，之前我还有个美容卡，也是年卡，他们也是总因为疫情断断续续关门，后面时间长了我就忘了去了，就过期了，还剩2万多块钱，那能不能退啊？我问美容院，美容院说是我自己的原因没有在消费期间内用完，不同意退款，但是说我可以充值等额的钱，把之前过期的余额激活。"

"你可别又被忽悠了。你就起诉退款，就能退的。"

"可是这个确实是我自己的原因没去的。后面疫情好点了，他们都开门了的，是我自己忘了有这么个卡。"

"没关系，这种预消费的充值卡，只要你没用，都是可以按比例退款的。如果是你健身房那种，因为商家的原因导致合同没办法履行，你退款没问题。如果合同约定了商家违约责任，本来你都可以主张让商家承担违约责任的。但是考虑到疫情确实给他们造成了巨大影响，也就不用他们承担违约赔偿责任了。但是按比例退还未消费部分，那是没问题的。至于美容院这种因为你自己的原因导致没消费的，也可以退，因为毕竟商家并没有提供相应服务。但是商家可以要求你承担违约责任，只要不是过高，那么也可以得到支持，毕竟是你违约，收你点违约金或者他们主张点成本费、手续费，也是合理的。"

"好的,我知道了。以后还是少办点卡。"

"是的,办完就赶紧用。还有,合同别着急扔,万一以后有纠纷,也有证据可循。"

"是的。你说得太对了。"

---

1. 《民法典》:

   第 563 条【法定解除合同】;

   第 590 条【不可抗力免责】。

2. 《消费者权益保护法》:第 53 条【预收款合同】。

35

"我玩飞盘被人撞伤了"

"亲爱的,我住院了。"

"怎么住院了?"

"上周末去体育馆飞盘中心玩飞盘,有一个女的好烦哦,总是抢。结果把我撞了,我右脚骨折了。"

"怎么那么严重,摔一下就骨折了?你太缺钙了吧。"

"她撞得很用力哎!简直就是扑过来撞到我。他们说这个女的每次都这样,明明是丢给别人接的,她非要扑过来抢。你说我能不能要求她赔偿啊?"

"恐怕不行哎。自愿参加这种有风险的体育活动受伤的,不能要求其他参加者承担侵权责任,除非你有证据证明她故意或者重大过失。这个好难证明哦。她只是抢飞盘,你不可能说她故意撞伤你,或者有重大过失吧?她有严重违反游戏规则吗?"

"飞盘哪有什么游戏规则,都是飞到谁面前谁就接的,那种飞到两个人中间的,她就抢得很凶,一点也不谦让。"

"那这算不上重大过失。你就只能自担风险了。"

"那什么才叫重大过失啊?"

"比如严重违反游戏规则,或者下意识把人推倒。基本上就是那种虽然不是故意为之，但是正常人干不出来，明显违背正常人脑回路的行为。人家抢个飞盘不谦让，也没什么不正常的。尤其是那些体育比赛，激烈的时候经常有人违规啊，你也不能说人家重大过失，你看哪个球星因为违规被判赔钱了。"

"那我就只能自认倒霉了吗？能不能告那个飞盘中心啊？"

"那个飞盘中心我去过啊，新开的，是新铺的橡胶场地，场地挺好的，你那天去玩的时候场地有什么问题吗？"

"没有问题，但是我花钱在那里玩，然后受伤了，它不用赔吗？"

"你受伤之后有没有去医务室喷药啊或者处理伤口什么的？"

"我当时不知道骨折了，就去旁边坐着休息了。后来他们过来个工作人员，给我喷了点云南白药，让我去医院看一下。我就去医院了，一拍片子发现骨折了。"

"那就是说他们体育馆有场地安全员，也给你喷了药、进行了初步的处理，指引你去医院，也基本尽到了义务。法律规定类似体育馆的这种营业场所有安全保障义务，基本上就是要保障地面不湿滑、没有安全隐患、没有坑坑洼洼或者其他可能导致消费者受伤的锐器、杂物等；控制入场人数，不能人数过多明显超出安全运动的范围；灯光明亮，不能影响运动视线；运动器材不存在功能性缺陷或隐患；场地有安全员，对受伤人员进行及时救治和辅助送医等义务。你除非证明飞盘中心有过错，没有尽到安全保障义务，否则它不需要承担责任的。你想啊，那么多人在运动馆运动，这个受伤那个受伤，要是都要体育馆赔，体院馆早就倒闭了。"

"哎，那我就自认倒霉吧。"

"你没买保险吗？以后参加这种有风险的文体活动要记得买意外险啊。"

"是啊，我之前出去骑单车，都会买那种十几块钱的单次意外险的。可谁想得到玩个飞盘能受伤啊？！"

"只要是体育活动,都多少会有风险的啦。或者你直接买整年的那种意外险,就不用单次购买了。你经常在外面玩,还是有保险安全一点。"

"之前我们几个朋友一起骑车出去玩,他们还在开玩笑说万一谁被车撞了,其他人要赔钱的。那到底要不要赔啊?"

"你们几个朋友自发一起出去骑车,又不是盈利活动,大家都是成年人,自己对自己的行为负责。如果有人被车撞了,按交警的责任认定,肇事车辆和被撞的人分担责任,不关你们其他人的事。但是如果他被撞,你们有责任的话,就另当别论。如果你们有责任,那么肇事者承担了该承担的部分之后,你们要根据你们的过错程度承担剩余部分的一定比例的责任。"

"他被撞,我们能有什么责任啊?"

"之前有个很有名的案子,几个人结队出去骑车,第一天晚上喝了酒,第二天返程路上有一个人掉到山下摔死了,法院判其他的几个人承担了一部分责任,理由是他们前一晚喝了酒,就应该预见到第二天骑车有一定的危险;他们还选那种弯弯曲曲的山路,进一步增加了危险;有队友掉队,他们也没有发现。所以法院认为他们要承担一部分赔偿责任。不过承担的不多,组织者承担 8000 元,其他每个人 5000 元。人都死了,你一个人赔个几千块钱,能有什么用嘛,只不过是对死者家属的一种安慰罢了。"

"嗯。也就是个心理安慰吧。"

"是的。大家一起结队出去玩,要是有危险的活动,还是要小心谨慎一点。虽然风险自担,但是还可能会被判决承担一定责任的。尤其是你们出去骑车,要是去有风险的地方,千万不要怂恿别人参加,万一真的出了什么意外,怂恿的行为可能会被认定为有过错。"

"嗯,知道了。"

《民法典》:
第 1176 条【自甘风险】;
第 1198 条【经营者安全保障义务】。

36

"我今天修车好像被人宰了"

"我好生气啊,我今天开车出去玩,结果半路爆胎了,我就近开到修理厂去修,那个修理厂老板跟我说了一堆术语我也听不懂,我就让他看着修。修完收了我 5000 多元。晚上我跟赵岩一说,他说我被人宰了,数落我一顿。说根本不用修这修那的,换个轮子就好了。修理厂给我换上的那个轮胎在网上买也就 2000 多元,根本花不了那么多钱。"

"哪个店那么差劲啊?"

"就海门山公园门口的一家汽修店,我看店面还挺大的,没想到这么黑。"

"这样吧,赵岩说的也不一定就对。你明天把车开到我常去的一家修理厂,我让我熟悉的师傅给你看看。要是真的被宰了,肯定不能就这样算了。这明显是欺负女司机嘛,不能纵容这种行为。车坏的时候有拍照片吗?还有修完车他们给你开单了没有?"

"拍了,店里也开了单给我。我明天一起拿过去。不过那个修车工给我单子的时候还说,让我确认一下金额和车况,说离店不负责,还说这是因为车子开出去之后,就又有可能受到损害,所以他们行业都这样的,交车的时候确认好没问题,离店就不管的。"

"你听他胡说。什么霸王条款,无效的!要是明天给你看完车,确认是他们乱要价,就打 12315 投诉他们店。他们不退钱我们就起诉他!

明显就是汽修店看你是女司机啥也不懂，利用你缺乏判断能力这一点，导致合同显失公平，你可以撤销合同的。到时候让他们退钱给你。"

"车都给我修好了，还能退钱？"

"显失公平的合同可以撤销，不过基于公平原则，毕竟车给你修好了嘛，你要出正常的修理费用，但是他们宰你的部分就可以要回来呀！或者假如有一些本来不用换的零件，他们为了让你花钱非给你换了，那就是他们自己的责任，你不需要给钱的。"

"那假如他们把换下来的零件都丢掉了的话，怎么证明我零件本来坏没坏呀？换下来的我都没拍照的，他们问我还要不要，我都说了不要了，估计他们都自己处理掉了。"

"那你没有保留的话，确实不好证明哦。既然是你让汽修店把换下来的零件自行处理，那他们丢掉也好、藏起来也好，你就没证据了呀。下次遇到这种你不专业的事，你多留个心眼。这样，你明天先过来吧，咱们先去问问修车师傅，看看他怎么说。如果是便宜的东西修理厂收取了你过高的费用，那我们主张合同显失公平，让他们退一部分钱是没问题的。一般在法律上认定价格合不合理，要对比市场价看，要是超过市场价 30%，可以认定过高。如果像你说的 2000 多元的胎，卖给你 5000 多元，那肯定是过高的。不过如果人家确实给你换了很多零件，又能提供这些零件的进货单、价格单，算下来价格也没有超过市场价太多，你又没有证据证明他们是胡乱给你换的，那可能也没办法让人家退钱。"

"嗯，要是确实我的车出现那么多问题，那该付多少钱我也认。我就是觉得那么大的汽修店，你不能骗我不懂呀！"

"嗯，对呀，不能欺负女司机不懂行情。那明天看情况再说吧。"

"好。"

《民法典》：第 151 条【显失公平】

附录

1. 婚姻财产协议（分别财产制）

男方：
女方：

男女双方于_____年_____月_____日在_____省（直辖市/自治区）市_____区（县）人民政府民政部门办理结婚登记手续。双方约定婚后采取分别财产制，各自的婚前财产以及婚后获得的财产，均归各自一方所有。为防止今后可能出现的婚姻财产纠纷，现经协商一致，自愿就双方目前财产状况达成如下协议：

一、确认双方婚前财产范围：

经过双方共同清点和协商，对双方婚前财产范围约定如下：

（一）男方的婚前个人所有财产：

1. 房屋：坐落于_____，建筑面积为_____平方米的房屋一套，房产证号_____。
2. 车、船、飞机：登记于_____名下的_____牌_____型号_____。
3. 银行存款：户名为_____的_____银行存款人民币_____元。
4. 保险：_____公司承保的单号为_____的保单，保险的现金价值为_____，保额为_____。
5. 股权：_____公司（统一社会信用代码_____）_____%的股权，股权购入价_____现市场价值为_____。
6. 股票、证券：【附清单，写明名称、数量、购入价、市价。】
7. 其他男方个人财产【附清单，写明名称、数量、购入价、市价。】
8. 财产性权利：【知识产权、信托受益权、债权等。】

（二）女方的婚前个人所有财产：

1. 房屋：坐落于_____，建筑面积为_____平方米的房屋一套，房产证号_____。
2. 车、船、飞机：登记于_____名下的_____牌_____型号_____。
3. 银行存款：户名为_____的_____银行存款人民币_____元。

4. 保险：_____公司承保的单号为_____的保单，保险的现金价值为_____，保额为_____。

5. 股权：_____公司（统一社会信用代码_____）_____%的股权，股权购入价_____现市场价值为_____。

6. 股票、证券：【附清单，写明名称、数量、购入价、市价。】

7. 其他男方个人财产【附清单，写明名称、数量、购入价、市价。】

8. 财产性权利：【知识产权、信托受益权、债权等。】

二、关于婚后双方取得的财产归属：

（一）双方婚后各自获得的工资、奖金、公积金、社保基金、生产、经营收益，知识产权的收益，接受继承或赠与所得的财产，保险理赔款、通过信托或家族基金会获得的财产，归各自所有，属于个人财产。

（二）双方用其个人财产购买的不动产、车、船、航空器、股票、证券、公司股权、保险、贵重动产等，均属于个人财产。

（三）双方共同出资购买的财产权利归属：

1. 全款购买的房屋：坐落于_____，建筑面积为_____平方米的房屋一套，现登记于_____名下，双方约定该房产属于_____。

A. 男方个人财产　B. 女方个人财产　C. 双方按份共有：其中男方占_____%，女方占_____%

2. 贷款购买的房屋：坐落于_____，建筑面积为_____平方米的房屋一套，现登记于_____名下，双方约定该房产属于_____。

A. 男方个人财产　B. 女方个人财产　C. 双方按份共有：其中男方占_____%，女方占_____%

关于该房产的贷款：以_____名义申请的贷款，贷款总金额_____元【本金_____元，年利率_____，还款方式_____】，该贷款为_____。

A. 男方个人债务　B. 女方个人债务　C. 双方共有债务：其中男方占_____%，女方占_____%

3. 汽车/船舶/航空器：登记于_____名下的_____牌/_____型号_____。双方约定该财产属于_____。

A. 男方个人财产　B. 女方个人财产　C. 双方按份共有：其中男方占_____%，女方占_____%

4. 保险：以_____为投保人、_____为被保险人、_____为受益人的由_____公司承保的保险合同（保单号为_____），保费合计_____元。

双方约定双方约定该财产的现金价值属于_____。

A.男方个人财产　B.女方个人财产　C.双方按份共有：其中男方占_____%，女方占_____%

根据保险合同条款获得的保险理赔款或保险金，属于_____。

A.男方个人财产　B.女方个人财产　C.双方按份共有：其中男方占_____%，女方占_____%

5.信托：双方共同出资，与_____公司签订信托合同（合同编号为_____），以_____为受益人的信托。双方共同行使委托人的一切权利，做出任何决定、向信托公司发出任何指令，均需要双方共同签字，如果双方无法达成一致，则撤销信托。返还的信托财产，属于_____。

A.男方个人财产　B.女方个人财产　C.双方按份共有：其中男方占_____%，女方占_____%

6.股权：双方共同出资购买的_____公司_____%的股权，登记在_____名下。依据该股权而取得的分红等收益，属于_____。

A.男方单独所有　B.女方单独所有　C.双方按份共有：其中男方占_____%，女方占_____%

该股权中的人身性权利（表决权等参与公司决策管理的权利）属于_____（登记人）所有，另一方不参与公司运营管理，亦无权对股权中的人身性权利主张权利。如双方离婚，该股权不作变更登记，但另一方有权选择持续请求分割股权收益，或由登记人一次性支付补偿款_____元。

7.贵重动产：
列清贵重动产是什么、由谁持有使用、归谁所有。

8.知识产权：
（1）著作权：_____出版社出版的，双方合作完成的_____（书名），著作权由_____享有。

A.男方　　　B.女方　　　C.双方

依据该著作权而取得的财产性收益，属于_____。

A.男方单独所有　B.女方单独所有　C.双方按份共有：其中男方占_____%，女方占_____%

该著作权中的人身性权利（署名权、修改权等）属于_____（著作权人）所有。

（2）专利权：双方合作取得的专利号为_____专利权人为_____的专利权由_____享有。

A. 男方　　　　B. 女方　　　　C. 双方

依据该专利权而取得的财产性收益，属于_____。

A. 男方单独所有　B. 女方单独所有　C. 双方按份共有：其中男方占_____%，女方占_____%。

该专利许可权属于_____（专利权人）所有。另一方不得对该专利进行许可他人使用。如双方离婚，另一方有权选择持续请求分割专利许可收益，或由专利许可权人一次性支付补偿款_____元。

（3）商标权：双方设计的商标_____商标权人为_____的商标权由_____享有。

A. 男方　　　　B. 女方　　　　C. 双方

依据该商标权而取得的财产性收益，属于_____。

A. 男方单独所有　B. 女方单独所有　C. 双方按份共有：其中男方占_____%，女方占_____%

该商标许可权属于_____（商标权人）所有。另一方不得对该商标进行许可他人使用。如双方离婚，另一方有权选择持续请求分割商标许可收益，或由商标权人一次性支付补偿款_____元。

9. 尚未产生的，以后可能产生的，双方共同出资购买的财产的权利分配原则：除双方明确约定为一方单独所有，或双方有明确的赠与意思表示外，均按照出资比例按份共有。

10. 双方均可自愿将个人财产赠与对方，对方接受赠与后，该财产即属于受赠方的个人财产。

三、共同生活基金设立

1. 每月男方支付_____元，女方支付_____元作为共同生活基金，该基金由_____方代为管理，基金账户户名：_____开户行：_____。双方每月_____日前将生活基金存入该账户。

2. 生活基金用于双方日常衣、食、住、行开销。包括：生活消费；子女教育；家庭成员医疗；家庭旅游、活动、社交消费；双方购买化妆品、衣物首饰（单价_____元以下）、美容美体健身服务等。

3. 双方均可自愿将个人财产赠予生活基金。

4. 经一方同意，另一方可缓交、免交生活基金。

5. 经一方同意，另一方可向生活基金借款。但应当记账，并在一年内还款。

6. 如双方离婚，双方对生活基金有债务的，应先予以偿还，偿还后确认生活基金总金额，再按照以下方式分割：

（1）双方均无明显过错，和平离婚的，剩余生活基金按以下方式分割_____。

A. 全部归男方　B. 全部归女方　C. 双方按固定比例分配，男方_____%，女方_____%

（2）一方出现《民法典》第1091条等原因、出现与婚外第三人不正当关系等原因导致婚姻破裂的，剩余生活基金按以下方式分割_____。

A. 全部归无过错方　B. 按固定比例分配，无过错方_____%，过错方_____%

四、损害赔偿责任：

1. 经过男女双方共同协商，因一方出现《民法典》第1091条等原因导致婚姻破裂的，过错方同意：

（1）如无过错方要求离婚，过错方应当同意；

（2）双方按照本协议之规定区分双方各自名下财产；

（3）过错方以其个人名下财产为限，向无过错方支付赔偿金_____元。如无足够现金，经双方协商可以等值房产充抵债务。房产价值的确定以在_____查询到的市价为准。

赔偿金应于双方婚姻关系正式解除之日起_____日内支付。如以房抵债的，过户手续应在双方婚姻关系正式解除之日起_____日内办理。

（4）子女抚养权：双方育有_____（姓名），由_____直接抚养。

A. 男方　　B. 女方　　C. 无过错方

非直接抚养一方应支付抚养费，抚养费按_____支付，标准为_____，应于_____前支付。

一方因与婚外第三人不正当交往，导致双方感情破裂的，应当视为《民法典》第1091条第（五）项规定的"重大过错"，适用上述约定。

2. 双方均不得不当使用共同生活基金，亦不得损害对方个人财产。如果有侵害共同生活基金或对方个人财产的行为，应当就其造成的损害部分进行赔偿，并额外支付对方赔偿金_____元，赔偿金作为对方的个人财产。

五、债权债务条款：

1. 鉴于双方采用分别财产制，故双方对外无共同债权债务关系。双方均对各自名下的债权债务由各自独立享有债权和独立承担债务。

2. 任何一方不得私自以另一方的名义对外承担债务。

3. 一方以个人名义对外负债时，应当向债权人披露本《婚姻财产协议》，告知债权人双方采取分别财产制约定，彼此不对对方债务承担任何法律责任。

4. 因一方伪造共同债务或未按约定向债权人披露《婚姻财产协议》导致另一方被以夫妻共同债务为由追究还款责任的，对于另一方承担的部分有权进行全额追偿，并以造成损失的100%为限主张损害赔偿责任。

5. 如双方以夫妻名义共同对外发生借款，双方应当共同在借款协议上签字确认借款事实，并与债权人约定夫妻双方的还款责任。如果夫妻双方承担按份还款责任的，夫妻双方应以各自的个人财产按照借款合同中确认的比例承担还款责任；如果双方承担连带责任的，除双方有约定外，双方各自承担50%的还款责任，一方可就其超过约定向债权人偿还的部分向另一方进行追偿。

六、争议条款：

本协议未尽事宜，或者因签定本协议时的客观情况发生重大变化产生争议，由男女双方共同协商签定补充协议，补充协议与本协议具有同等法律效力。

因执行或履行本协议，以及因本协议产生的任何争议，由双方在互谅互让的基础上共同友好协商解决，如协议解决不成，男女双方任何一方均可向合同签订地法院提起诉讼。

七、文本条款：

本协议一式三份，男、女双方各持一份，并自愿决定是否提交婚姻登记机关存档一份，三份协议具有同等法律效力，在双方签字或盖章后生效。婚姻登记机关存档协议，办理相应手续仅具备案性质。

男　方：　　　　　　　　　女　方：
身份证号码：　　　　　　　身份证号码：
联系电话：　　　　　　　　联系电话：
签订日期：　　　　　　　　签订日期：

2. 离婚协议

男方：
女方：
　　男、女双方于_____年_____月_____日在_____市_____区办理结婚登记，现因性格不合，致使夫妻感情确已破裂，已无和好可能，经双方协商自愿离婚，双方同意解除婚姻关系，并对子女抚养、财产及债务分割订立本离婚协议，以资共同遵守。

一、子女抚养

　　1. 双方育有一_____【子/女】，姓名_____，身份证号_____。双方一致同意该子女的直接抚养权归_____所有。

　　2. 任何一方主张变更直接抚养权的，双方可协商，经协商一致同意变更的，办理变更公证及变更手续；如无法达成一致，可向有管辖权的法院提起抚养权变更诉讼。在双方未就变更事项达成一致或者法院做出变更抚养权的生效裁判文书之前，子女应当归_____抚养，跟随_____生活。抚养人应当履行审慎义务，不得侵害子女合法权益。另一方应当尊重抚养人的抚养权，不得以强制手段争夺子女或对抚养人进行骚扰。

　　3. 双方领取离婚证之日起_____日内，双方共同将子女户口迁移至_____名下，并将子女的全部身份文件交由抚养人保管。

　　4. 双方确认，非直接抚养方每月支付子女固定抚养费_____元，于每月的_____日前支付，直至子女完成全日制学历为止。如子女有超出日常的教育、医疗等特殊需要导致的大额支出，非直接抚养方应当在支付固定抚养费之外，额外承担由此产生费用的_____%，该费用应当在发生后30日内向直接抚养方支付。

　　"超出日常的教育、医疗等特殊需要导致的大额支出"包括但不限于以下内容：

　　（1）兴趣班、辅导班、夏（冬）令营、旅游及其他因生活、学习所需一次性支出超过当月固定抚养费标准的；

　　（2）因突发疾病发生的医疗费用，在使用社会医疗保险或商业保险理赔后仍超过当月固定抚养费标准的。如在保险理赔前需要提前垫付费用，则双方均有义务垫付医疗费。在保险理赔后，如有返还部分，则由直接抚养人按_____% 退还另一方。

5. 非直接抚养方每个月可以在不影响子女学习、生活的情况下，探望子女_____次。探望需提前_____日通知直接抚养方，双方协商接送子女的具体时间及方式。直接抚养方应当配合探望，如无正当理由连续3次拒绝探望，视为恶意阻止探望，应承担不利法律后果。

6. 非直接抚养方探望子女应当尊重子女意愿，子女有权自主决定是否接受探望。如子女明确拒绝探望，非直接抚养方不得强行对子女进行骚扰，或以拒绝支付抚养费相要挟。如非直接抚养方的探望影响子女的身心健康，应承担不利法律后果。

7. 直接抚养方不得私自决定给子女更改姓名。如需更改姓名，需要父母双方协商同意。

二、财产分割

（一）以下是男方婚前个人财产，归男方所有：

1. 房产：登记在_____名下的，位于_____市_____区_____的房产（房产证号为：_____）。

2. 车辆、船舶、航空器：登记在_____名下的_____牌_____型号的_____。

3. 银行存款：户名为_____的_____银行存款人民币_____元。

4. 保险：_____公司承保的单号为_____的保单，保险的现金价值为_____，保额为_____。

5. 股权：_____公司（统一社会信用代码_____）_____%的股权，股权购入价_____现市场价值为_____。

6. 股票、证券：【附清单，写明名称、数量、购入价、市价。】

7. 其他男方个人所有的大额动产：【附清单，写明名称、数量、购入价、市价。】

8. 财产性权利：【附清单，知识产权、信托受益权、债权等。】

（二）以下是女方婚前个人财产，归女方所有：

1. 房产：登记在_____名下的，位于_____市_____区_____的房产（房产证号为：_____）。

2. 车辆、船舶、航空器：登记在_____名下的_____牌_____型号的_____。

3. 银行存款：户名为_____的_____银行存款人民币_____元。

4. 保险：_____公司承保的单号为_____的保单，保险的现金价值为_____，保额为_____。

5. 股权：_____公司（统一社会信用代码_____）_____%的股权，股权购入价_____现市场价值为_____。

6. 股票、证券：【附清单，写明名称、数量、购入价、市价。】

7. 其他男方个人所有的大额动产：【附清单，写明名称、数量、购入价、市价。】

8. 财产性权利：【附清单，知识产权、信托受益权、债权等。】

（三）双方于婚后取得的以下财产为夫妻共同财产，双方一致同意按以下约定进行分割：

1. 全款购买的房屋：坐落于_____，建筑面积为_____平方米的房屋一套（房产证号_____），现登记于_____名下，双方约定该房产属于_____所有，双方应自婚姻关系正式解除之日起30日内在不动产登记管理部门进行变更登记。变更登记产生的一切税费等相关费用，由_____承担。_____需向_____支付补偿款_____元，该补偿款应于_____支付。

2. 贷款购买的房屋：坐落于_____，建筑面积为_____平方米的房屋一套（房产证号_____），现登记于名下，双方约定该房产属于_____所有，双方应自婚姻关系正式解除之日起30日内在不动产登记管理部门进行变更登记。变更登记产生的一切税费等相关费用，由_____承担。_____需向_____支付补偿款_____元，该补偿款应于_____支付。

该房产现有贷款【债权人为_____，借款合同编号_____，贷款本金_____元，年利率，还款方式_____。已还款_____元，该贷款目前状态正常，尚欠贷款本金_____元】，该贷款系以_____名义办理。关于该贷款，双方确认由_____负责偿还，属于_____个人债务。如_____因拖欠贷款导致_____对贷款承担连带清偿责任，则_____应当承担一切法律责任，向_____赔偿损失，并支付实际损失100%的违约金。

3. 汽车/船舶/航空器：登记于_____名下的_____牌/_____型号_____。双方约定该财产属于_____所有，双方应自婚姻关系正式解除之日起30日内在相关部门进行变更登记。_____需向_____支付补偿款_____元，该补偿款应于_____支付。

4. 保险：以_____为投保人、_____为被保险人，_____为受益人的由_____公司承保的保险合同（保单号为_____），保费合计_____元，该保险现金价值_____元。双方约定，将保险的受益人变更为_____，该保险作为_____的个人财产，_____需向_____支付补偿款_____元，该补偿款应于_____支付。

如果是给子女投保的，双方可约定：将保险的受益人变更为子女本人，双方应当继续按照保险合同的约定支付保费，保费由双方按照男方_____%，女方_____%的比例承担。

5. 信托：双方共同出资，与_____公司签订信托合同（合同编号为_____），以_____为受益人的信托。双方共同行使委托人的一切权利，做出任何决定、向信托公司发出任何指令，均需要双方共同签字，如果双方无法达成一致，则可按照合同约定撤销信托，对于返还的信托财产，双方按照_____%，女方_____%的比例分割。

6. 股权：双方共同出资购买的_____公司（社会统一信用代码_____）的_____%的股权，登记在_____名下。关于股权，双方协议选择以下方式分配：_____。

A. 不做变更登记，由登记的一方行使股东权利，需向另一方支付补偿款_____元，该补偿款应于_____支付。

B. 不做变更登记，由登记的一方行使股东权利。但基于该股份获得收益的权利由双方按男方_____%，女方_____%的比例分割。未登记一方不享有除收益权以外的任何股东权利，不参与公司经营管理。

C. 变更登记，将所持股权的_____%变更至_____名下。双方共同按照公司章程行使股东权利。变更股权产生的一切费用由_____承担。

7. 贵重动产：

以列表方式注明贵重动产是什么，归谁所有。应于婚姻关系正式解除之日起30日内完成交接。

8. 知识产权：

（1）著作权：_____出版社出版的，由_____完成的_____（书名），著作权由_____享有。依据该著作权而取得的财产性收益，由_____享有。另一方可以选择：一次性支付补偿款_____元，该补偿款应于_____支付；或按男方_____%，女方_____% 的比例持续分割依据该著作权而取得的财产性收益。

（2）专利权：一方取得的或双方合作取得的专利号为的、专利权人登记为_____的专利权由_____享有。依据该专利权而取得的财产性收益，由_____享有。另一方可以选择：一次性支付补偿款_____元，该补偿款应于_____支付；或按男方_____%，女方_____%的比例持续分割依据该专利权而取得的财产性收益。

（3）商标权：商标权人登记为_____的商标权由_____享有。依据该商标权而取得的财产性收益，由享有。另一方可以选择：一次性支付补偿款_____元，该补偿款应于_____支付；或按男方_____%，女方_____%的比例持续分割依据该商标权而取得的财产性收益。

9. 现金及存款：

双方共同确认：截至本协议签署时，男方名下现金及存款情况如下：

（1）存款合计_____元，其中个人财产部分_____元，共同财产部分_____元。

（2）公积金合计_____元，其中个人财产部分_____元，共同财产部分_____元。

（3）社保合计_____元，其中个人财产部分_____元，共同财产部分_____元。

（4）现金合计_____元，其中个人财产部分_____元，共同财产部分_____元。

女方名下现金及存款情况如下：

（1）存款合计_____元，其中个人财产部分_____元，共同财产部分_____元。

（2）公积金合计_____元，其中个人财产部分_____元，共同财产部分_____元。

（3）社保合计_____元，其中个人财产部分_____元，共同财产部分_____元。

（4）现金合计_____元，其中个人财产部分_____元，共同财产部分_____元。

经计算，男方名下属于共同财产的现金及存款为_____元；女方名下属于共同财产的现金及存款为_____元。双方约定，保持各自名下现有现金及存款，由_____向_____支付补偿款_____元，该补偿款应于_____支付。

10. 基金/理财产品：

双方共同确认：截至本协议签署时，男方名下股票、证券、基金、理财产品持有情况如下:【列表】；女方名下股票、证券、基金、理财产品持有情况如下:【列表】。

双方约定，保持各自名下现有股票、证券、基金、理财产品，由_____向_____支付补偿款_____元，该补偿款应于_____支付。

11. 贵价动产:

双方共同确认，截至本协议签署时，男方名下贵价动产持有情况如下:【列表】；女方名下贵价动产持有情况如下:【列表】。

双方约定，保持各自持有的贵价动产，由_____向_____支付补偿款_____元，该补偿款应于_____支付。

12. 共同债权:

双方于_____年_____月_____日向_____出借人民币_____元，合同约定年利率_____，还款期限_____。截至本协议签订时，该借款尚有本金_____、利息_____、其他费用_____未收回。双方约定，该债权全部转移给_____所有，需一次性补偿另一方_____元。该补偿款应于_____支付。

13. 双方声明:

双方声明，婚姻关系存续期间，再无其他共同财产。任何一方均不存在隐瞒共同财产的行为。如果有瞒报情况，视为故意侵害另一方合法权益，应当向对方承担损害赔偿责任，双方确认瞒报财产的违约金为_____。如该违约金不能覆盖瞒报财产给对方造成的的损失，则以实际损失上浮 100% 计算违约金。

（四）特别约定:

（1）鉴于_____在双方婚姻关系存续期间抚育子女、照料老人较多，因此双方经协商确认，由_____在前述财产分割之外，另行向_____支付补偿款_____元，该补偿款应于_____支付。

（2）鉴于_____在双方婚姻关系存续期间出现《民法典》第 1092 条规定的行为，造成夫妻双方感情破裂，_____属于过错方，双方一致同意在前述财产分割之外，另行向_____支付离婚损害赔偿_____元，该赔偿款应于_____支付。

（3）鉴于_____在双方婚姻关系存续期间与婚外第三人发生不正当关系，造成夫妻双方感情破裂，符合《民法典》第 1092 条第（五）项规定的情形。_____属于过错方，双方一致同意在前述财产分割之外，另行向_____支付离婚损害赔偿_____元，该赔偿款应由_____支付。

三、共同债务分割

双方共同债务有：

1. 金融贷款：

因购置_____所需，以_____名义于_____向_____借款人民币_____，合同约定年利率_____，还款方式_____。截至本协议签订时，该贷款尚有本金_____、利息_____、其他费用_____未偿还。该贷款目前还款状态正常。双方约定，该贷款由_____承担还款责任。如_____未能按约定还款，导致另一方超过本约定承担了还款义务，则对于超出部分，另一方有权要求赔偿损失，并以实际造成损失的100%计收违约金。

2. 民间借贷借款：

_____双方于_____年月日以_____名义向_____借款，借款金额_____元，约定利息_____，约定还款时间_____。截至本协议签订时，该借款尚有本金_____、利息_____、其他费用_____未偿还。双方约定，该借款由_____承担还款责任。如_____未能按约定还款，导致另一方超过本约定承担了还款义务，则对于超出部分，另一方有权要求赔偿损失，并以实际造成损失的100%计收违约金。

3. 双方声明：

双方声明，婚姻关系存续期间，除以上债务外，双方再无其他共同债务。其余以一方名义对外复旦的债务，均系一方个人债务，与另一方无关。

如有其他债务，经法院、仲裁判决或裁决确认一方需对外共同承担另一方的债务的，则在偿还债务后有权就已方承担的全部债务向另一方追偿，并要求另一方承担违约金_____。如该违约金不能覆盖对方造成的的损失，则以实际损失上浮100%计算违约金。

四、其他

1. 双方共同确认，本协议书的签署确系双方自愿，不存在任何欺诈、胁迫、重大误解等情形。如本协议生效后在执行中发生争议，双方应协商解决，协商不成，任何一方均可向人民法院起诉。

2. 协议自双方签字之日起生效。本协议一式叁份，婚姻登记机关存档壹份，双方各执壹份，均具有同等法律效力。

男方（签字）：
　　　　　年　　　月　　　日

女方（签字）：
　　　　　年　　　月　　　日

3. 单方赠与协议（房产）

甲方（赠与方）：　　　　A、B
住所：
身份证号码：
乙方（受赠方）：C
住所：
身份证号码：

在双方完全自愿、诚实信用、协商一致、真实表达自己意愿的前提下，就赠与事宜达成以下协议，以资共同遵守。

第一条　赠与人与受赠人双方的基本情况及相互关系

1. 赠与人：A、B

2. 受赠人：C

3. 关系：父母与子

第二条　赠与财产情况

1. 赠与财产内容：位于_____的房产（不动产权证号_____）【以下简称"该房产"】。

2. 赠与财产权利情况：

（1）该房产属于甲方共同共有，现登记于_____名下，甲方享有完整的所有权。

（2）该房产不存在抵押权。

或：该房产存在抵押权，该抵押权已经登记，抵押权人为_____，抵押权限额为_____元，本赠与已经取得抵押权人书面同意（书面同意文件见附件），抵押权人的抵押权不受本赠与影响。

（3）该房产不存在居住权。

或：该房产存在居住权，该居住权已经登记，居住权人为_____，居住权期限为自_____至_____止，本赠与已经取得居住权人书面同意（书面同意文件见附件），居住权人的居住权不受本赠与影响。

（4）该房产不存在地役权。

或：该房产存在地役权，地役权内容为_____，地役权人的地役权不受本赠与影响。

甲方声明：甲方确认，该房产除以上已列明的权利外，不存在其他权利。

第三条　甲方权利、义务

1. 甲方应保证该房产系甲方拥有完整所有权的合法财产，来源合法，已经缴清税费以及由该房产产生的一切其他费用（如基于该房产发生的物业管理费、水电费、燃气费等）。

2. 甲方明确表示：该房产系甲方对乙方单方的赠与，该房产作为乙方的个人财产，与乙方的配偶、家庭均无关。乙方的配偶、家庭成员经乙方允许可以居住或使用该房产，但无权对该房产提出所有权或其他任何权利主张。

3. 甲方应于_____年_____月_____日前与乙方一同办理不动产权变更登记，因变更登记而产生的一切税费、手续费等相关费用，均由_____承担。

4. 甲方应当确保该房屋不存在权利瑕疵或安全隐患。

第四条　乙方权利、义务

1. 乙方应对甲方尽到赡养义务。自该房产过户至乙方名下后，乙方应当按月向甲方支付赡养费_____元，于每月_____日之前支付。如甲方因发生意外、突发疾病、经济情况显著恶化等无力自担生活、医疗、康复等费用，乙方有义务对甲方进行救治、帮扶。如乙方未履行以上赡养义务，则甲方有权撤销赠与，并要求乙方承担违约责任，支付违约金_____元。

2. 甲方将本财产赠与乙方，仅供乙方用于自住或租赁。未经甲方书面同意，乙方不得将该房产进行买卖、拍卖、变卖、赠送、分割或抵债。如甲方发现乙方未按照约定用途使用该房产，则甲方有权撤销赠与，并要求乙方承担违约责任，支付违约金_____元。

3. 乙方有权用该房屋进行抵押，但需经甲方书面同意。如未经甲方同意擅自进行抵押，导致房产被拍卖、变卖、以物抵债的，则乙方应当向甲方承担违约责任，支付违约金_____元。

第五条　特别约定

甲方在将案涉房产过户至乙方名下以前，具有任意撤销权。

或：_____本协议自签订之日起生效，双方均不得撤销本协议。甲方明确确认放弃任意撤销权。除双方一致同意或发生不可抗力等情况外，如甲方未在_____年_____月_____日前将该房产过户给乙方，则构成违约，应向乙方支付违约金_____元，且不免除甲方应当继续履行本协议并完成过户的义务。

第六条　其他事项

1. 双方声明：双方签订本合同时，系自愿签订，无智力及精神异常，无欺诈、胁迫、重大误解、串通损害第三人合法权益等情形，双方完全理解本合同内容及法律后果。

2. 本协议未尽事宜，各方协商后另行签订补充协议，补充协议与本协议具有同等的法律效力。

3. 双方应于本协议签订后 3 日内前往_____（公证处）办理公证，产生的一切费用由_____承担。

4. 本协议一式_____份，A、B、C 各持一份，_____（公证处）备案_____份，各份协议具有同等法律效力。

4. 本协议自双方签署后生效。

————————以下无正文————————

| 甲方：_____ | 乙方：_____ |
| 年____月____日 | 年____月____日 |

4. 公司章程——股东继承权【家族企业模式下】

当股东的股权发生继承时，应遵守以下规定：

一、继承人通过遗嘱、遗赠获得股权的：

公司及其他股东均应当同意继承人按照遗嘱、遗赠所取得的股东身份及股权。但关于继承人股东权利的行使，按照以下规定执行。

1. 继承人在被继承人生前已经进入公司参与经营管理（担任董事、监事、高管等重要岗位）满3年的：当继承人获得股权后即享受完全的股东权利（继承人股东可以按照其继承所得股权占公司全部股权的比例，享受收益权，享有表决权以及其他参与公司经营管理的权利。）

2. 继承人在被继承人生前已经进入公司工作但并未参与公司经营管理，或参与公司经营管理尚未满3年的：当继承人获得股权后，取得相应的股东身份，并应当立即进入公司董事会担任董事。自继承人取得股东身份之后，至其累计担任董事满3年之前，继承人仅享有与其股权相应的收益权、知情权、查账权、提案权以及参加公司股东会议、董事会议等重要会议的权利，但其表决权受到限制：其担任董事未满一年的，享有其股权 30% 的表决权；其担任董事已满一年未满两年的，享有股权 60% 的表决权；其担任董事已满两年未满三年的，享有股权 80% 的表决权。

3. 继承人在被继承人生前未进入公司工作的，应当尊重继承人本人意愿是否参与公司经营管理。

继承人本人不愿意参与公司经营管理的，或继承人为无民事行为能力人、限制民事行为能力人，无法参与公司经营管理，其本人或其监护人可以选择以下方式行使其继承的股权：

（1）仅享有股东收益权，放弃其他股东权利；

（2）将继承人继承的股权建立股权信托，由信托机构进行管理。该信托的建立应当符合公司章程的规定；

（3）将继承人继承的股权转让给公司其他股东；

（4）将继承人继承的股权转让其他民事主体，但需要符合公司章程关于股权转让的相关规定，保护其他股东的优先购买权；

（5）继承人可以自行享有收益权，并委托第三人代为行使表决权等参与公司经营管理的股东权利，但该第三人应当是继承人的配偶、父母、子女、兄弟姐妹、（外）孙子女、三代以内旁系血亲，或其他股东。委托除此以外的第三人代为行使股东权利的，应当经其他股东过半数同意。

继承人愿意参与公司经营管理的，自继承开始，继承人即进入公司董事会工作。工作满一年后，应成为公司董事。

继承人按照以下规定行使其继承的股权：

（1）自继承开始，即享有股东收益权。

（2）继承人进入公司董事会工作未满一年的，仅享有股东收益权、知情权、查账权、提案权，以及参加公司股东会议、董事会议等重要会议的权利，但其表决权受到限制：不享有表决权。

（3）继承人成为公司董事后：担任董事未满一年的，享有其股权 30% 的表决权；担任董事已满一年未满二年的，享有股权 60% 的表决权；担任董事已满二年未满三年的，享有股权 80% 的表决权；担任董事已满三年的，享有完全的股东权利。

二、继承人通过法定继承获得股权的，公司及其他股东均应当同意继承人取得股东身份：

如果法定继承股权的继承人仅有 1 人，直接则参照上述第一点的规定处理。

如果法定继承股权的继承人有 2 名或以上的：

（一）关于股东身份按以下方法处理：

1. 如各继承人按照法定继承份额继承股权并登记为公司股东，不违反《公司法》的人数规定，且符合公司章程关于股东身份的其他规定的，则各继承人可以悉数按照继承份额登记为公司股东，其他股东不得提出异议。

2. 如各继承人按照法定继承份额继承股权并登记为公司股东，违反了《公司法》或公司章程关于股东人数的限制，则由各继承人协商由部分继承人继承公司股权。其他股东尊重继承人间的决定或相关裁决，对通过协商或裁决确定的股权继承人不得提出异议。

3. 如部分继承人不符合公司章程关于股东身份的其他规定的。则不符合条件的继承人或其监护人有权做出选择：

（1）仅按照继承份额享受相应股权的收益权，不享受其他股东权利。

（2）将所继承的股权份额转让给其他符合条件的继承人。

（3）将所继承的股权份额转让给其他符合条件的股东。

（4）继承人可以将其股权转让其他民事主体，但需要符合公司章程关于股权转让的相关规定，保护其他继承人、其他股东的优先购买权。

（5）将其继承的股权份额建立股权信托，由信托机构进行管理。该信托的建立应当符合公司章程的规定。

（二）关于获得股权的继承人的股东权利行使：

1. 通过继承获得股权及股东身份的新股东，在行使股东权利时，参照第一点的规定行使。

2. 其他股东自继承人股东获得股东身份，并开始行使一部分表决权之日起，至完全获得表决权之日止期间行使除收益权之外的股东权利的行为进行监督，并有权提出批评建议。如发现继承人股东有不当行使股东权利的行为的，超过其他股东人数 2/3，其他股东所持表决权 2/3 以上的股东有权联名书面提出抗议，并对继承人股东的不当行为进行撤销。

上述其他股东的联名撤销权自继承人股东参与公司管理满三年、开始享受完全的股东权利之日起终止。

（三）如果继承人之间出现股权纠纷，导致自继承发生之日起一年内无法确认各继承人股权继承份额、公司无法产生新的股东的，则由全部继承人协商从以下方式中做出选择：

1. 设立股权信托，将被继承人的股权作为信托财产，委托_____信托公司管理，但需需要符合公司章程的相关规定。信托产生的收益进行提存，当继承权纠纷判决生效后，按照判决确定的继承份额对信托收益进行分割，设立股权信托产生的费用由各继承人按照判决确定的继承份额分摊。

2. 由公司回购股权，回购价格按照公司章程确定；公司支付的回购款应先进行提存，当继承权纠纷判决生效后，各继承人按照判决确定的份额分割回购款。

3. 将股权转让给其他股东；其他股东购买股权支付的价款应先进行提存，当继承权纠纷判决生效后，各继承人按照判决确定的份额分割价款。

4. 将股权转让给其他民事主体，但需要符合公司章程的相关规定，并保证其他股东的优先购买权；转让股权的价款应先进行提存，当继承权纠纷判决生效后，各继承人按照判决确定的份额分割价款。

各继承人如无法协商一致做出选择，则由公司在自继承发生之日起 18 个月之内回购被继承人的股权，回购价格按照公司章程确定。

（四）2 名以上继承人股东继承股权，并被登记为公司股东后，如果出现不可调和的矛盾，导致出现公司僵局、影响公司运营的，经超过其他股东人数 2/3。其他股东所持表决权 2/3 以上的股东有权联名书面提出要求，限期各继承人协商确定由 1 人收购其他继承人股东持有的股权。如自其他股东联名书面提出上述要求后，6 个月内仍无法确定收购人，则由公司将全部继承人股东的股权回购，回购价格按照公司章程确定。

三、特别说明：

当继承人股东的表决权受限时，为了公司能够做出有效决议，其他股东的表决权按比例相应放大，直到继承人股东享有完整的表决权时，各股东按照所持股份比例遵照公司章程的约定行使表决权。

5. 遗　嘱

立遗嘱人：（身份信息）_____

　　一、立遗嘱人声明：本人自愿立本遗嘱，本遗嘱内容均系本人真实意思表示，未受到胁迫、欺诈，且本人精神正常、身体状况良好，具有完全民事行为能力。

　　二、本遗嘱系本人_____于_____年_____月_____日于_____省_____市_____区_____（具体位置）订立。

　　三、见证人1（身份信息）_____，与立遗嘱人关系为：_____。

　　　　见证人2（身份信息）_____，与立遗嘱人关系为：_____。

　　四、立遗嘱人个人财产及继承安排：

（一）房产：

1. 位于_____省_____市_____区_____（具体位置）的房产，不动产权证号为_____，目前登记于_____名下。该房产的权利状况如下：

（1）该房产由立遗嘱人单独所有；

该房产由立遗嘱人与_____共同共有；

该房产由立遗嘱人与_____按份所有，立遗嘱人持有比例为_____%。

（2）该房产上不存在抵押权；

该房产上存在抵押权，抵押权已登记，抵押权人为_____，抵押权限额_____抵押期限为_____。

（3）该房产上不存在居住权；

该房产上存在居住权，居住权已登记，居住权人为_____，居住权期限为_____，居住权合同详见附件。

（4）该房产上不存在地役权；

该房产上存在地役权，地役权人为_____地役权内容为_____，地役权期限为_____。

（5）该房产上是否有其他权利负担_____。

在立遗嘱人去世后，该房产的所有权由_____继承，该房产上的权利义务由其一并继承。

在立遗嘱人去世后，立遗嘱人对该房产所有权份额由_____继承，该房产上的权利义务由其一并继承。

注意：该继承属于_____个人继承，与其配偶、家庭无关，继承得到的财产属于其个人财产，并非夫妻共同财产。

2.……

（二）车辆：

1. 车牌号为_____的_____牌_____型号的车辆一部，目前登记于_____名下。该车辆权利情况如下：

（1）该车辆由立遗嘱人单独所有；

该车辆由立遗嘱人与_____共同共有；

该车辆由立遗嘱人与_____按份所有，立遗嘱人持有比例为_____%。

（2）该车辆上不存在抵押权；

该车辆上存在抵押权，抵押权已登记，抵押权人为_____，抵押权限额_____抵押期限为_____。

（3）该车辆上不存在质押权；

该车辆上存在质押权，质押权人为_____，质押权限额为_____，质押权期限为_____。该车辆目前_____【已交付/未交付】质押权人持有。

（4）该车辆上是否有其他权利负担_____。

在立遗嘱人去世后，该车辆的所有权由_____继承，该车辆上的权利义务由其一并继承。

在立遗嘱人去世后，立遗嘱人对该车辆所有权份额由_____继承，该车辆上的权利义务由其一并继承。

注意：该继承属于_____个人继承，与其配偶、家庭无关，继承得到的财产属于其个人财产，并非夫妻共同财产。

2.……

（三）股权：

1. _____公司（社会统一信用代码_____）的_____%股权。该股权登记于_____名下，登记注册资本金额为_____。

立遗嘱人去世后，该股权由_____继承，按照公司章程将其变更为股东，依照章程行使股东各项权利。

如按照公司章程的规定，股权由公司或其他股东优先购买或回购的，则该股权的变价款由_____继承。

注意：该继承属于_____个人继承，与其配偶、家庭无关，继承得到的财产属于其个人财产，并非夫妻共同财产。

2. ……

（四）现金与存款：

第一种写法：

1. 立遗嘱人于_____（开户行）开立的个人名下账号为_____的账户内存款，全部余额均由_____继承；

2. 立遗嘱人于_____（开户行）开立的个人名下账号为_____的账户内存款，全部余额均由_____继承；

3. 立遗嘱人存储于_____（具体位置）的现金，以全部金额为限由_____继承；

……

第二种写法：

经统计，立遗嘱人名下的存款余额合计_____（具体开户行、银行账户、存款金额等情况详见附件）；名下现金余额合计_____（现金置于_____具体位置）。立遗嘱人去世后，上述存款中的_____元由_____继承；_____元由_____继承……上述现金中的_____元由_____继承；_____元由_____继承……

除上述统计之外的其他存款或现金按照法定继承顺序继承。

注意：该继承属于_____个人继承，与其配偶、家庭无关，继承得到的财产属于其个人财产，并非夫妻共同财产。

（五）股票、基金、债券：

立遗嘱人持有股票、基金、债券情况详见清单【制作统计清单】，立遗嘱人确认清单中所涉及的一切股票、基金、债券，在去世后均由_____继承，继承人可根据证券公司、银行或金融机构的要求进行账户的变更，实现对以上财产的继承；继承人亦可选择将上述股票、基金、债券变现，就其折价款享有全部的继承权。

注意：该继承属于_____个人继承，与其配偶、家庭无关，继承得到的财产属于其个人财产，并非夫妻共同财产。

（六）财产性权利：

1. 债权

立遗嘱人对_____（姓名及身份证号）具有债权，债权本金为_____，约定利率为_____，还款方式为_____债权到期日为_____。立遗嘱人去世后，该债权由_____继承享有，债务人应当向_____履行还款义务。【借款合同见附件。】

2. 知识产权

权利内容：_____

权利证书号：_____

权利登记情况：_____

立遗嘱人去世后，以上知识产权中的财产性权益，由_____继承。依据该知识产权产生的一切收益，均由_____享有。

3. 保险

立遗嘱人在_____保险公司购买的_____保险（保单号：_____），受益人为立遗嘱人。当立遗嘱人去世后，根据该保单的理赔金作为遗产，由_____继承。

4. 信托受益权

立遗嘱人享有_____信托产品的受益权。当立遗嘱人去世后，该受益权作为遗产，由_____继承。

注意：以上继承均属于_____个人继承，与其配偶、家庭无关，继承得到的财产属于其个人财产，并非夫妻共同财产。

（七）以上财产之外的其他个人财产：

除以上财产之外的其他个人财产，在扣除应缴纳的税费、手续费等变更所有权登记产生的一切费用之外，应用于支付遗产管理人报酬、偿还本人债务（如有），此后仍有剩余的，全部由_____继承。

注意：以上继承属于_____个人继承，与其配偶、家庭无关，继承得到的财产属于其个人财产，并非夫妻共同财产。

五、遗产管理人

1. 立遗嘱人指定遗产管理人为：（身份信息）_____，与立遗嘱人关系为：_____。

2. 备选遗产管理人为：（身份信息）_____，与立遗嘱人关系为：_____。

3. 遗产管理人义务：

立遗嘱人去世后，遗产管理人应当履行诚信勤勉义务，按照本遗嘱的规定执行本遗嘱，在执行遗嘱过程中产生的费用，以本遗嘱涉及的财产之外的本人遗产支付，不足部分，由各继承人在继承财产的范围内承担。遗产管理人应指导各继承人办理继承手续、财产交接手续等。

4. 如果遗产管理人出现以下情况，由备选遗产管理人承担遗产管理人职责：

（1）遗产管理人死亡；

（2）遗产管理人发生疾病，无法履行遗产管理职责的；

（3）遗产管理人丧失民事行为能力；

（4）遗产管理人明确表示不愿履行遗产管理职责的；

（5）遗产管理人无正当理由拖延执行遗嘱，或在立遗嘱人去世后半年内不开始执行遗嘱的；

（6）遗产管理人不正当履行遗嘱内容的，如违背本遗嘱内容分配遗产、或出现侵占、损害遗产等情形；

（7）遗产管理人侵害继承人身体健康或合法权利的；

（8）遗产管理人出现其他不宜继续承担遗产管理职责的情况。

5. 遗产管理人应在立遗嘱人去世后 2 个月内，按照《民法典》1147 条的规定履行职责，并按照本遗嘱的内容开始执行本遗嘱。

6. 遗产管理人可以获得报酬。在本遗嘱执行完毕后，经本遗嘱列明的全部继承人签字确认后，应当从立遗嘱人的遗产中，支付遗产管理人劳务报酬_____元。

六、其他

本遗嘱一式_____份，立遗嘱人保存一份、见证人×××、××× 各保存一份、遗产管理人保存一份、备选遗产管理人保存一份。立遗嘱人在签名确认本遗嘱后 3 日内应当至_____公证处进行公证，并按照公证处的要求备案留存。

立遗嘱人：（签字）
　　　　　（日期）

见证人：（签字）　　　　　　　　（签字）
　　　　（日期）　　　　　　　　（日期）

指定遗产管理人：（签字）
　　　　　　　　（日期）

备选遗产管理人：（签字）
　　　　　　　　（日期）

6. 股权代持协议书

甲方（委托人）：

身份证号码：

住址：

乙方（受托人）：

身份证号码：

住址：

丙方（公司）：

社会统一信用代码：

住址：

丁方（公司其他股东）：

身份证号码：

住址：

甲、乙、丙、丁各方本着自愿原则，经友好协商，现就甲方委托乙方代持丙方股权事宜，达成协议如下，以兹共同遵照执行：

一、代持股权情况：

1. 甲方委托乙方代为持有甲方在丙方中占公司总股本_____%的股权，对应出资额为人民币_____万元。

2. 本代持为有偿代持，甲方应当向乙方支付代持费用。代持费用按照以下标准计收：_____代持费用按月结算，每月日前支付。

二、各方在此声明并确认：

1. 代持股权的实际所有人为甲方，甲方作为丙方的真实股东。

2. 代持股权的投资款系完全由甲方提供；甲方应于_____年____月____日前将投资款_____万元转入乙方账户（户名_____账号_____开户行_____），乙方应于_____年____月____日前将投资款转入丙方账户（户名_____账号_____开户行_____），各方同意将乙方登记为丙方股东，占有丙方_____%股权。

3. 代持股权产生的一切收益全部归甲方所有；丙方在分配股东红利时，应将乙方代持股份对应的相关收益转入乙方账户（户名账号_____开户行_____）。乙方应于十日内，将收到的相关受益转入甲方账户（户名_____账号_____，开户行_____）。在乙方将上述收益交付给甲方之前，乙方系代甲方持有相关收益。

4. 乙方明确对所代持的股份以及收益不享有任何权利，并承诺对代持的股权及收益不主张任何权利。

5. 乙方对所代持的股份不承担任何法律责任，一切法律责任由甲方承担。一切因股权而产生的付款义务（包括但不限于出资义务、赔偿义务、税费缴纳义务等）均由甲方承担，乙方应于收到付款通知之日起三日内将相关通知转达甲方，由甲方在十日内向乙方交付应付款项。乙方在收到应付款项后，应在三日内、缴费截止日前缴费，并将相关票据交给甲方保留。

6. 各方确认，甲方是丙方的真实股东，以代持股权为限，根据公司章程规定行使全部的股东权利，包括但不限于股东分红权、认缴增资权、对公司股份的优先购买权、参与经营权、提案权、表决权、知情权、监督权、查账权等公司章程和法律赋予的全部权利。乙方系挂名股东，不享有股东权利。

三、甲方权利：

1. 甲方作为代持股权的实际拥有者，享有丙方_____%股权。

2. 甲方有权实际上行使公司章程赋予股东的一切权利，丙方、丁方不得对甲方行使股东权提出异议。公司召开股东会应当通知甲方，甲方有权出席股东会并在会议记录、股东会决议等文件上签字。

3. 甲方有权随时解除本代持协议。在甲方通知乙方、丙方、丁方解除协议三十日内，各方应当配合甲方进行股东变更登记，不得对股东变更提出任何异议。

4. 甲方有权对乙方代持过程中发生的不适当行为进行监督和纠正，并要求乙方承担因此而造成的损失。

5. 甲方有权指示乙方对代持股权进行处分，包括买卖交易、赠与、出质、设立抵押等，乙方应当按照甲方指示，签署合同、办理手续。甲方的股权处分行为不得违反公司章程的规定，但在章程允许的范围内，丙方、丁方不得提出异议。

6. 如丙方发生增资之情形，甲方有权决定是否优先认购。当丁方转让股权时，甲方有权决定是否行使优先购买权。如甲方决定认购增资或收购股权，新增加的股权依然适用本协议的约定，由乙方代为持有。

四、甲方义务：

1. 按照《公司法》、公司章程规定及本合同的约定，履行出资义务等一切股东义务。

2. 甲方应当合法、谨慎履行股东权利，不得利用实际股东身份进行违法活动或损害乙方、丙方及丁方的权益。如甲方因故意、重大过失给乙方、丙方及丁方造成损失，应承担赔偿责任。

3. 乙方因代持股权而产生的一切相关费用及税费，均由甲方承担。甲方应提前将产生的费用支付乙方，或在乙方代付后三日内全额偿还乙方。在乙方将代持股权转给甲方或甲方指定的任何第三人持有时，所产生的一切费用也由甲方承担。

4. 甲方不得逾期出资、虚假出资、抽逃出资。甲方不得滥用股东权利侵害丙方或丙方债权人的合法权利。

5. 当丙方出现资不抵债或破产风险时，甲方应当按照法律和公司章程的规定履行清算义务，并确保已依法履行出资义务。如因丙方负债造成乙方需要承担连带清偿法律责任时，甲方应当承担相关一切债务，该债务与乙方无关。

6. 为防止丙方出现债务导致乙方承担责任，甲方向乙方提供如下担保：_____【房产信息】，担保期间：自乙方登记为股东之日起，至代持协议解除之日止；但如果代持协议解除时，丙方出现资不抵债或解散、破产、符合破产条件等事由，或乙方作为名义股东被起诉或提起仲裁，则该担保期限延长至丙方清算完成，或诉讼、仲裁终审结束之日止。如果乙方被判决、仲裁裁决确定要对丙方债务承担任何责任，乙方有权要求甲方立即按照裁决内容向债权人清偿相关债务。如甲方未能清偿，则乙方有权利立即请求处分担保财产，并用变价款清偿债务。

7. 按时支付代持费用。甲方应按照本协议第一条中的标准足额、按时向乙方支付代持费用。

五、乙方权利：

1. 乙方有权利随时解除本代持协议，但应提前30天通知甲方、丙方、丁方。各方应当配合乙方进行股东变更登记，不得提出异议。

2. 乙方有权对甲方、丙方、丁方管理运营公司进行监督。有权列席股东会，对公司事务、重大决策等具有知情权，有查账权。当发现甲方、丁方有损害丙方合法权益，或有其他可能对乙方权益造成重大影响的事项时，有权提出异议。

3. 如丙方发生债务导致乙方作为股东被提起诉讼或仲裁，导致乙方个人财产被冻结的，乙方有权要求甲方立即提供置换担保。甲方有义务于三日内提供与保全限额等额的资金或房产作为担保。

4. 如丙方发生债务导致乙方作为股东被追究法律责任的，由甲方承担一切责任。甲方如未能清偿债务，乙方有权就甲方提供给的担保财产_____【房产信息】实现权利。

六、乙方义务：

1. 保密义务。协议双方对本协议，以及履行股权代持过程中所接触或获知的对方的任何商业信息均有保密义务，除非有明显的证据证明该等信息属于公知信息或者事先得到对方的书面授权。该保密义务在本协议终止后仍然继续有效。任何一方因违反保密义务而给对方造成损失的，均应当赔偿对方的相应损失。

2. 乙方不得对代持的股份提出权利主张。不得私自处分代持的股份，包括转让、放弃、赠送、出质、设立抵押、互易等。

3. 通知义务。乙方有义务将其基于名义股东的身份而接收到一切信息转告甲方，不得私自做出处理或决定。如果因未及时告知甲方而造成甲方或丙方损失，乙方负有赔偿责任。

4. 配合甲方对股权进行处分的义务。如甲方需要处分股权，乙方有义务按照甲方的要求配合甲方签订合同、办理手续。如果需要乙方代收股权转让款，乙方应当履行代收义务，并将代收款于三日内转付甲方。

5. 配合甲方行使股东权。在甲方行使股东权利的过程中，如果需要乙方配合，乙方有义务提供便利。乙方不得违背甲方的意愿，行使股东权利。

6. 乙方有义务按照本协议第二条第 2 款的约定，足额、及时地将代持股权产生的一切收益支付甲方。

7. 当乙方发生债务纠纷等风险，预测所代持股权可能被冻结、查封时，应及时知会甲方采取风险规避措施；如因此造成代持股权被查封的，乙方应积极处理，提供置换担保，以其他财产向法院、仲裁机构或其他机构申请解封。

七、丙方义务：

1. 丙方确认甲方为丙方的实际股东，按照丙方的公司章程行使各项股东权利。

2. 如甲方对丙方有任何未履行的股东义务，丙方有权利向甲方主张履行义务,且丙方明确知晓乙方系挂名股东,丙方明确放弃要求乙方承担相关股东义务、并对乙方进行追索的权利。

八、丁方义务:

1. 丁方确认甲方为丙方的实际股东,按照丙方的公司章程行使各项股东权利,丁方不得对甲方的股东身份提出异议。

2. 如果以后甲要求登记为股东,丁方不得提出异议。

3. 丁方确认乙方为名义股东,不参与公司运营管理,仅对公司事务有监督建议权。涉及公司决策的一切事项,丁方应当与甲方协商并按照公司章程的规定做出决议,不得不经甲方同意,私自与乙方做出关于公司经营的任何决策。

九、违约责任:

1. 如果甲方未按照约定在_____年_____月_____日前将投资款_____万元转入乙方账户,则视为甲方以行为解除本代持协议。甲方_____【需要/无需】支付乙方违约金_____元。无论甲方是否需要对丙方继续履行出资义务、是否需要对丙方、丁方承担违约责任,均与乙方无关,乙方不对丙方、丁方承担任何责任,丙方、丁方也不得向乙方主张违约责任或任何赔偿。

2. 如甲方将投资款交付给乙方后,乙方未在_____年_____月_____日前将投资款全额转入丙方账户(户名_____账号_____开户行_____),每逾期一日,应当向甲方支付万分之五的违约金,违约金按日计算至实际转入丙方账户之日止。

3. 如乙方在代持过程中,因代持而产生代付费用,甲方需在乙方代付后的三日内向乙方清偿一切费用。每逾期一日,应当向乙方方支付万分之五的违约金,违约金按日计算至实际转入乙方账户之日止。

4. 乙方每次收到丙方的分红等一切基于代持股权产生的收益后,应于三日内,将相关受益转付甲方。每逾期一日,应当向甲方支付万分之五的违约金,违约金按日计算至实际转入甲方账户之日止。

5. 甲方应本协议第一条第2款的约定按时、足额支付代持费用。每逾期一日,应当向乙方方支付万分之五的违约金,违约金按日计算至实际转入乙方账户之日止。

6. 乙方违反本协议约定的义务,违背甲方的意愿、指令,私自处分代持股权(包括但不限于买卖、互易、放弃、赠与、出质或设置抵押等),应当向甲方赔偿违约金_____元。如上述违约金不能覆盖甲方的损失，则以实际造成的损失为准，上浮 30% 计收违约金。

7. 如甲方未履行审慎义务，或存在非法违规操作，致使乙方被丙方、丁方或丙方债权人等第三人追究股东赔偿责任的，甲方应赔偿乙方因此而产生的一切损失，并向乙方赔偿违约金_____元。如上述违约金不能覆盖乙方的损失，则以实际造成的损失为准，上浮 30% 计收违约金。

8. 甲方应于_____年_____月_____日前与乙方签订抵押担保合同，以_____【房产信息】作为履行本协议的担保，并于年月日前进行不动产抵押登记。如逾期不进行抵押登记，视为违约，乙方有权利解除本代持协议，并要求甲方承担违约金_____元。

9. 乙方因个人债务，导致代持股权被查封、冻结，应于十日内提供置换担保，申请相关部门解除查封、冻结。如乙方未能提供有效担保进行置换，视为乙方违约。乙方应当向甲方支付违约金_____元。如上述违约金不能覆盖甲方的损失，则以实际造成的损失为准，上浮 30% 计收违约金。

10. 如因丙方出现债务，导致乙方个人财产被查封、冻结的，甲方应于十日内提供置换担保，申请相关部门解除查封、冻结。如甲方未能提供有效担保进行置换，视为甲方违约。甲方应当向乙方支付违约金_____元。如上述违约金不能覆盖乙方的损失，则以实际造成的损失为准，上浮 30% 计收违约金。

十、适用法律及争议解决：

因履行本协议所发生的争议，甲乙双方应友好协商解决，协商不能解决的，任何一方均可向甲方所在地有管辖权的人民法院提起诉讼。

十一、其他：

1. 本协议自双方签字后生效；

2. 本协议一式四份，甲、乙、丙、丁各执一份，均具有同等法律效力；

3. 本协议未尽事宜，可由各方以附件或签订补充协议的形式约定，附件或补充协议与本协议具有同等法律效力。

甲方（委托方）： 　　　　　乙方（受托方）：
签署日期：　年　月　日　　签署日期：　年　月　日
　　丙方（公司）：　　　　　丁方（其他股东）：
签署日期：　年　月　日　　签署日期：　年　月　日

7. 房屋租赁合同

出租方（甲方）：_____
承租方（乙方）：_____

依据《中华人民共和国民法典》及有关法律、法规的规定，甲方与乙方本着平等、自愿、协商一致的原则，就房屋租赁的有关事宜达成协议如下：

第一条　房屋基本情况

（一）房屋坐落于_____（房产证号：_____），建筑面积_____平方米。

（一）房屋权属状况：甲方持有（□房屋所有权证/□房屋买卖合同/□其他房屋权属证明文件），□该房屋未设定抵押/□该房屋已设定抵押。

第二条　房屋租赁情况租赁房屋用途：□居住/□商业/□办公/□厂房/□仓储/□综合/□其他。本合同租赁房屋的用途应与房地产权利证书的使用用途保持一致，未经有关部门批准禁止擅自改变用途；如租赁用途为居住的，居住人数为：【　　】，最多不超过【　　】人。

第三条　租赁期限

（一）房屋租赁期自【　　年　月　日】至【　　年　月　日】，甲方应于【　　年　月　日】前将该房屋及钥匙交付给乙方。《房屋交割清单》（见附件二）经甲乙双方交验签字后即视为交付完成。

（二）租赁期满或合同解除后，甲方有权收回该房屋，甲乙双方应对该房屋和附属物品、设备设施及水电使用等情况进行验收，结清各自应当承担的费用。

（三）乙方继续承租的，应提前【　　】日向甲方提出续租要求，协商一致后双方重新签订房屋租赁合同。

第四条　租金及押金

（一）租金标准及支付方式：【　　】元/月。应于每月【　　】日前微信转账支付甲方。乙方不需要甲方提供租金相应金额的发票。

（二）押金：【　　】元。应于【　　年　月　日】前一次性微信转账支付甲方。甲方向乙方出具收据，租赁期满后，乙方应结清该房屋承租期间内产生的一切物业费、水电费、燃气费等合理费用；如损坏房屋产生赔偿费用，乙方应按照实际损坏情况维修恢复原状或照市场价赔偿。在以上费用均结清后，甲方应当无息返还押金。押金不得用于抵扣租金及其他费用，如乙方拖欠上述任何费用或其他合理应当由乙方支付的费用，甲方有权没收押金不予返还，并通过合法手段对乙方应缴租金及费用进行追偿。

第五条　安全责任

租赁期内，甲乙双方应共同保障该房屋及其附属物品、设备设施处于适用和安全的状态：

1. 经确认，该房屋中的电路、天然气、下水及衣柜、床铺、沙发、冰箱、冰柜、电视、洗衣机（2 台）等家具及电器设备【□存在/□不存在】安全隐患，【□可以/□不可以】正常使用。双方约定，在确认家具及电器均正常的情况下，如承租期限内，使用中出现故障，由【　　】方负责维修，并保证在退租时家具及电器均能够正常使用，不得造成损坏。如造成损坏，应由乙方负责维修，或要求物业维修后由乙方支付维修费用。

2. 因乙方保管不当或不合理使用，致使该房屋及其附属物品、设备设施出现妨碍安全、损坏或故障等情形的，乙方应负责维修或承担赔偿责任，并及时告知甲方。

3. 在租赁期内，未经甲方同意，乙方不得将该房屋部分或全部转租/分租给他人，否则甲方有权立即收回房屋，并不退还剩余租金及押金。

第六条　双方权利义务

（一）租赁期间，甲方应履行下列义务：

1. 甲方保证对该房屋享有出租权，因甲方权利瑕疵造成乙方损失的应承担赔偿责任。

2. 甲方应保证出租物业的建筑结构和设备设施符合建筑、消防、治安、卫生等方面的安全条件，不得危及人身安全。

（二）租赁期间，乙方应履行下列义务：

1. 妥善使用该房屋及相关设施，不得对该房屋进行扩、加、改建（含改变间隔）室内装修。未经甲方同意乙方不得擅自进行任何形式的装修，不得随意打通墙体或改变该房屋的主体结构且不得搭建任何形式的违章建筑。甲方书面同意乙方装修房屋的，乙方使用的装修及用料标准须符合消防部门及物业管理处的有关规定。

2. 乙方保证遵守相关法律法规规定，严格遵守物业管理处的规定，服从物业管理处的各种管理工作。

3. 不得改变房屋用途，仅用于住宅自住，不得将房屋用作商用，或从事任何违法犯罪活动。如果在房屋内从事违法犯罪活动，造成房屋损坏、造成他人人身伤害，由乙方承担一切法律责任。

4. 不得高空抛物，遵守用水用电安全，遵守物业管理。如违反以上条款应当由乙方自行承担相关法律责任，对他人人身财产造成伤害，由乙方自行负责赔偿，与甲方无关。

5. 按时缴纳物业费、水电费、天然气费、物业维修服务费等承租期内由于乙方的使用而产生的费用。甲方代缴的，应向乙方截图发送代缴记录，乙方应当于确认当日向甲方支付费用（微信转账）。如果由于乙方原因导致产生滞纳金，滞纳金由乙方承担。

第七条　合同解除

（一）经甲乙双方协商一致，可以解除本合同。

（二）因不可抗力导致本合同无法继续履行的，本合同自行解除。

（三）甲方有下列情形之一的，乙方有权单方解除本合同：

1. 迟延交付房屋达十日的。

2. 交付的房屋不符合相关法律、法规或规章等规定，或严重不符合合同约定，或影响乙方安全、健康的。

3. 欠缴各项费用致使乙方无法正常使用房屋的。

4. 未经乙方同意，将该房屋进行改建、扩建或装修的。

（四）乙方有下列情形之一的，甲方有权单方解除合同，收回房屋，并无须支付违约金：

1. 不按照约定支付租金或押金达十日的。

2. 欠缴各项费用（除租金、押金外）的金额超过 1000 元的。

3. 擅自改变房屋用途、擅自拆改变动或损坏房屋主体结构、未经甲方书面同意擅自对该房屋进行装修的。

4. 利用房屋从事违法活动、损害公共利益或者妨碍他人正常工作、生活，被物业投诉两次以上的。

5. 未经甲方书面同意将房屋转租/分租给第三人的。

6. 其他法定的合同解除情形。

第八条　违约责任

（一）租赁期内，甲方需提前收回该房屋的，应征得乙方同意，并赔偿乙方【　　】个月租金作为违约金。

（二）乙方需提前退租的，应提前【　　】日通知甲方，并赔偿甲方【　　】个月租金作为违约金；如果未能提前【　　】日通知甲方，应当在前述基础上，额外多支付 1 个月租金作为代通知金。

（三）乙方退房后结清全部应付款项，双方再无纠纷的，甲方应【　　】

日内退还全部押金,超期未退还押金的,应按照 LPR 支付逾期利息。

（四）合同到期后,乙方应于到期次日返还房屋及钥匙,甲方应到场与乙方检查房屋,双方共同到物业查询并由乙方结清租期内的各项费用。如乙方原因导致未能在合同到期次日返还房屋的,按日支付房租,日租金计算方式为:单月房租 /30 天,以实际产生的天数计收费用。

特别约定:在乙方合同到期前两个月,即【　　】年【　　】月【　　】日起,甲方会寻找下一任租客,乙方有配合物业看房的义务。甲方委托正规中介带人看房,尽量降低对乙方的影响;乙方有配合的义务。如果乙方拒绝配合,被中介投诉 3 次以上,则甲方有权立即收回房屋,没收押金,不予退还剩余租金。

项目	单价	起计时间	起计底数	项目	单价	起计时间	起计底数
水费				物业费			
电费				卫生费			
电话费				上网费			
收视费				车位费			
燃气费				租赁税费			

交房确认	对上述情况,乙方经验收,认为符合房屋交验条件,并且双方已对水、电、燃气等费用结算完结,同意接收。		
	交房日期:　　　年　　　月　　　日		
	出租方（甲方）签章:	承租方（乙方）签章:	

退房确认	甲乙双方已对该房屋和附属物品、设备设施及水电使用等情况进行了验收,并办理了退房手续。有关费用的承担和该房屋及其附属物品、设备设施的返还□无纠纷 / □附以下说明。		
	退房日期:　　　年　　　月　　　日		
	出租方（甲方）签章:	承租方（乙方）签章:	

【附件：房屋交割清单】

1. 装修情况

地面：□木地板　□地砖　□水泥地　□其他：_____　□有损坏：

墙面：□木墙裙　□壁纸　□立邦漆　□彩喷　□其他：_____　□有损坏：

窗：　□铝合金　□塑钢　□铁窗　□其他：_____　□有损坏：

门：　□防盗门□品牌：　□其他：_____　□有损坏：

其他：_____。

2. 电器家具

□抽油烟机　品牌：_____□新　□较新　□旧　□无损坏　□有损坏；

□燃气灶　品牌：_____□新　□较新　□旧　□无损坏　□有损坏；

□整体橱柜　品牌：_____□新　□较新　□旧　□无损坏　□有损坏；

□电视　数量：____　品牌型号：____□新　□较新　□旧　□无损坏　□有损坏；

□冰箱　数量：____　品牌型号：____□新　□较新　□旧　□无损坏　□有损坏；

□洗衣机　数量：____　品牌型号：____□新　□较新　□旧　□无损坏　□有损坏；

□空调　数量：____　品牌型号：____□新　□较新　□旧　□无损坏　□有损坏；

□热水器　数量：____　品牌型号：____□新　□较新　□旧　□无损坏　□有损坏；

□微波炉　数量：____　品牌型号：____□新　□较新　□旧　□无损坏　□有损坏；

□DVD　数量：____　品牌型号：____□新　□较新　□旧　□无损坏　□有损坏；

□音响　数量：____　品牌型号：____□新　□较新　□旧　□无损坏　□有损坏；

□电脑　数量：____　品牌型号：____□新　□较新　□旧　□无损坏　□有损坏；

□饮水机　数量：____　品牌型号：____□新　□较新　□旧　□无损坏　□有损坏；

□电话　电话号码：_____　□有话机　□无话机

□床　数量：____　品牌型号：____□新　□较新　□旧　□无损坏　□有损坏；

□床垫　数量：____　品牌型号：____□新　□较新　□旧　□无损坏　□有损坏；

□衣柜　数量：____　品牌型号：____□新　□较新　□旧　□无损坏　□有损坏；

□书桌　数量：____　品牌型号：____□新　□较新　□旧　□无损坏　□有损坏；

□餐桌　数量：____　品牌型号：____□新　□较新　□旧　□无损坏　□有损坏；

□沙发　数量：____　品牌型号：____□新　□较新　□旧　□无损坏　□有损坏；

□茶几　数量：____　品牌型号：____□新　□较新　□旧　□无损坏　□有损坏；

□梳妆台　数量：____　品牌型号：____□新　□较新　□旧　□无损坏　□有损坏；

□椅子　数量：____　品牌型号：____□新　□较新　□旧　□无损坏　□有损坏；

□其他：_____品牌型号：_____。

甲方（签章）：_____　　乙方（签章）：_____